주여,
부흥을
주옵소서

Lord, Send Us Revival

주여, 부흥을 주옵소서

이영훈 지음

English-Korean
Sermon Series Vol.13

LORD, SEND US REVIVAL

서울말씀사

Preface

Expect Revival, Set Your Sight on Revival!

A church that is alive will experience growth and revival. Just as a seed grows into a tree when planted, a church with life will naturally grow and encounter revival. The church must continue to thrive and flourish in order to fulfill its mission of spreading the gospel of Christ and expanding the kingdom of God throughout the world.

Above all, a church where the Holy Spirit is actively at work is bound to experience revival. From the age of ten, I began attending Yoido Full Gospel Church. I have witnessed the scene of countless believers flocking to the church, praying fervently, and worshiping in the Spirit. I had the opportunity of observing the historical moments of the church's remarkable growth—from 3,000 members to 10,000 members, then to 100,000 members and ultimately reaching to 700,000 members.

This kind of revival is found in the Book of Acts. The early church, empowered by the Holy Spirit on the day of Pentecost, continued to go through extraordinary revival. Filled with the Holy Spirit, the disciples and the early church members overcame numerous hardships to spread the gospel to all people. As a result, the Word of the Lord spread widely and grew in power (Acts 19:20). The revival in the church spread like wildfire, first beyond the Roman Empire and all of Europe, and then throughout the whole world.

Revival is not merely an experience of the past. Even today, we hear reports of revival taking place in various parts of the world. This is why I earnestly desire to hear the news of revival overflowing in the Korean church again. I envision the Korean church filled with believers praising the name of Jesus Christ and serving the poor and marginalized with the love of Christ.

When the Holy Spirit works, the church will undoubtedly experience revival. We must continue to chronicle the ongoing history of the Spirit's work here and now. With a heart yearning for revival, I have compiled a series of topical sermons on revival into the thirteenth volume of my English-Korean sermon collection, *Lord, Send Us Revival*. I sincerely hope that every reader of this book will expect revival and set their sight on revival. I hope that all of us will be witnesses of the great revival led by the Holy Spirit.

Rev. Dr. Younghoon Lee
Senior Pastor, Yoido Full Gospel Church

머리말

부흥을 기대하라,
부흥을 갈망하라!

살아있는 교회는 반드시 부흥하고 성장합니다. 씨앗을 심으면 자라나서 나무가 되는 것처럼, 생명을 가진 교회가 성장하고 부흥하는 것은 자연스러운 이치입니다. 땅끝까지 그리스도의 복음을 전파하고 하나님 나라를 확장하는 사명을 위해서 교회는 계속해서 성장하고 부흥해야 합니다.

무엇보다, 성령님이 살아 역사하시는 교회는 부흥하기 마련입니다. 이는 제가 한평생 체험하고 깨달은 사실입니다. 저는 열 살 때부터 여의도순복음교회에 출석하면서, 수많은 성도가 교회에 몰려와 성령 안에서 뜨겁게 기도하며 예배드리는 장면을 목격했습니다. 3천 명, 1만 명, 10만 명, 70만 명에 이르기까지 교회가 폭발적으로 부흥하는 그 역사의 순간들을 저는 함께할 수 있었습니다.

이러한 부흥은 사도행전에서도 찾아볼 수 있습니다. 오순절 성령강림을 경험한 초대교회는 끊임없이 부흥을 거듭했습니다. 성령으로 충만한 제자들과 초대교회 성도들은 온갖 역경을 이겨내며 만민에게 복음을 전파했고, 그 결과 주님의 말씀은 힘있게 계속 퍼져나갔습니다(행 19:20). 교회의 부흥은 로마제국과 유럽 전역을 넘어 전 세계로 들불처럼 번져갔습니다.

이와 같은 부흥은 과거의 일이 아닙니다. 오늘날 세계 곳곳에서 일어나는 부흥의 소식을 자주 접할 수 있습니다. 그렇기에 저는 한국교회에도 부흥의 소식들이 넘쳐나기를 갈망합니다. 예수 그리스도의 이름을 찬양하며, 그리스도의 사랑으로 가난하고 소외된 자들을 섬기는 성도들로 가득 찬 한국교회를 날마다 꿈꾸고 있습니다.

성령님이 역사하시면 교회는 반드시 부흥합니다. 우리는 지금 여기에 임하시는 성령의 역사를 계속해서 써 내려가야 합니다. 저는 부흥을 갈망하며 이를 주제로 한 설교들을 모아서 영한대역 설교집 제13권 『주여, 부흥을 주옵소서』를 출간하고자 합니다. 이 책을 읽는 모든 분이 부흥을 기대하고 갈망하게 되시길 바랍니다. 그리하여 저와 여러분 모두가 성령님이 이끄시는 놀라운 부흥의 증인들이 되기를 간절히 소망합니다.

여의도순복음교회 담임목사
이영훈

CONTENTS

Preface | 머리말 · 04

01 Only by the Holy Spirit · 12
오직 성령으로

1. A person of the Holy Spirit | 성령의 사람
2. A person who testifies only about Jesus | 예수님만 증거하는 사람
3. A person who leads a revival | 부흥의 역사를 주도하는 사람

02 Build the House of God · 54
하나님의 집을 세우라

1. The temple in ruins | 황폐해진 성전
2. Examining our faith | 신앙의 반성
3. Faith that builds the church | 교회를 세우는 신앙

03 The Four Stages of Being Filled with the Holy Spirit · 88
성령충만의 4단계

1. Ankle-deep stage | 발목이 잠기는 단계
2. Knee-deep stage | 무릎이 잠기는 단계
3. Waist-deep stage | 허리가 잠기는 단계
4. The stage where the whole body is submerged | 온몸이 잠기는 단계

04 The Church That God Is Pleased with · 130
하나님이 기뻐하시는 교회

1. Jesus Christ is the head of the church | 교회의 머리 되신 예수 그리스도
2. The church is the body of Christ | 그리스도의 몸 된 교회
3. The church growing daily | 날마다 성장하는 교회

05 Lord, Send Us Revival · 162
주여, 부흥을 주옵소서

1. A prayer for revival | 부흥을 위한 기도
2. The God of revival | 부흥을 이루시는 하나님
3. The God of mercy | 긍휼을 베푸시는 하나님

06 Three Thousand Were Added · 184
삼천이나 더하더라

1. Restore your relationship with Jesus Christ | 예수 그리스도와의 관계를 회복하라
2. Receive the gift of the Holy Spirit | 성령의 선물을 받으라
3. Revival is God's sovereign work | 부흥은 하나님의 주권적 역사이다

1

Only by the Holy Spirit

Acts 19:1-7

While Apollos was at Corinth, Paul took the road through the interior and arrived at Ephesus. There he found some disciples and asked them, "Did you receive the Holy Spirit when you believed?" They answered, "No, we have not even heard that there is a Holy Spirit." So Paul asked, "Then what baptism did you receive?" "John's baptism," they replied. Paul said, "John's baptism was a baptism of repentance. He told the people to believe in the one coming after him, that is, in Jesus." On hearing this, they were baptized in the name of the Lord Jesus. When Paul placed his hands on them, the Holy Spirit came on them, and they spoke in tongues and prophesied. There were about twelve men in all.

Anyone who believes in Jesus will be saved. In other words, to receive salvation, we need to only believe in Jesus. However, in order to live a victorious life of faith, we need to be filled with the Holy Spirit.

Look at the disciples of Jesus. For three and a half years,

1
오직 성령으로

사도행전 19:1-7

아볼로가 고린도에 있을 때에 바울이 윗지방으로 다녀 에베소에 와서 어떤 제자들을 만나 이르되 너희가 믿을 때에 성령을 받았느냐 이르되 아니라 우리는 성령이 계심도 듣지 못하였노라 바울이 이르되 그러면 너희가 무슨 침례를 받았느냐 대답하되 요한의 침례니라 바울이 이르되 요한이 회개의 침례를 베풀며 백성에게 말하되 내 뒤에 오시는 이를 믿으라 하였으니 이는 곧 예수라 하거늘 그들이 듣고 주 예수의 이름으로 침례를 받으니 바울이 그들에게 안수하매 성령이 그들에게 임하시므로 방언도 하고 예언도 하니 모두 열두 사람쯤 되니라

예수님을 믿으면 누구나 구원받습니다. 다시 말해, 우리가 구원받기 위해서는 예수님을 믿기만 하면 됩니다. 그러나 승리하는 신앙생활을 하기 위해서는 반드시 성령충만을 받아야 합니다.

예수님의 제자들은 3년 반 동안 예수님을 따라다니면서 예

they listened to Jesus' words of grace and blessing and saw the numerous miracles He performed. However, when Jesus died on the cross, they all scattered. Peter denied Jesus three times. Mark fled naked, leaving his garment behind. Even after they met Jesus, who had risen from the grave, they locked their doors and hid in fear.

Before Jesus ascended into heaven, He gave them a command. Acts 1:4-5 says, *"On one occasion, while he was eating with them, he gave them this command: 'Do not leave Jerusalem, but wait for the gift my Father promised, which you have heard me speak about. For John baptized with water, but in a few days you will be baptized with the Holy Spirit.'"*

The disciples of Jesus gathered in the upper room to wait and pray for the Holy Spirit Jesus had promised to send. Finally, on the day of Pentecost, the presence of the Holy Spirit was among them and they were all filled with the Holy Spirit. Boldly transformed, they went out and began to preach the gospel and countless people returned to the Lord. As a result, the first church was born and the

수님이 전하시는 은혜와 축복의 말씀을 들었고 예수님이 행하시는 수많은 기적을 직접 목격했습니다. 그러나 예수님이 십자가에 달려 돌아가셨을 때 그들은 모두 도망쳤습니다. 베드로는 세 번이나 예수님을 모른다고 부인했고, 마가는 홑이불을 벗어버리고 벌거벗은 채로 도망쳤습니다. 부활하신 예수님을 만난 후에도 제자들은 여전히 두려워하며 문을 잠그고 숨었습니다.

이러한 제자들에게 예수님은 승천하시기 전에 한 가지 명령을 내리셨습니다. 사도행전 1장 4-5절의 말씀입니다. "사도와 함께 모이사 그들에게 분부하여 이르시되 예루살렘을 떠나지 말고 내게서 들은 바 아버지께서 약속하신 것을 기다리라 요한은 물로 침례를 베풀었으나 너희는 몇 날이 못되어 성령으로 침례를 받으리라 하셨느니라"

예수님의 제자들은 마가 다락방에 모여서 예수님이 보내주신다고 약속하신 성령님을 기다리며 계속해서 기도했습니다. 마침내 오순절 날이 되었을 때 성령님이 임재하셔서 그들 모두 성령충만을 받았습니다. 이후 담대하게 변화된 그들은 밖으로 나가 복음을 전하기 시작했고 수많은 사람이 주님께 돌아오는 역사가 일어났습니다. 그 결과 초대교회가 탄생했고

age of the Holy Spirit began. The Book of Acts records that tens of thousands of people came to believe in Jesus with the beginning era of the Holy Spirit. What we need today is also the work of being filled with the Holy Spirit.

1. A person of the Holy Spirit

First, in order to live a victorious life, we must become people of the Holy Spirit.

Ephesus was a major port city in Asia Minor that prospered as the center of economic activity, transportation, and trade. The temple dedicated to the goddess Artemis was built in this city, so many people came to worship the statue of Artemis.

The Apostle Paul went to Ephesus and met with some disciples there. When he saw that they had no joy in their hearts and lived powerless lives, he asked them, "Did you receive the Holy Spirit when you believed?" They answered, "No, we have not even heard that there is a Holy Spirit."

성령의 시대가 열렸습니다. 사도행전은 이후 수만 명의 사람이 예수님을 믿게 되었다고 기록하고 있습니다. 오늘날 우리에게 필요한 것도 바로 이와 같은 성령충만의 역사입니다.

1. 성령의 사람

첫째로, 우리가 승리하는 삶을 살아가기 위해서는 성령의 사람이 되어야 합니다.

소아시아의 주요 항구도시인 에베소는 경제, 교통, 무역의 중심지로 크게 번창했습니다. 또한 아데미 여신의 신전이 그곳에 세워져서 수많은 사람이 찾아와 아데미 우상을 숭배했습니다.

사도 바울이 에베소를 방문했을 때 그는 그곳에서 몇몇 제자들을 만났습니다. 바울은 그들이 마음의 기쁨도 없이 무기력하게 살고 있는 모습을 보게 되었습니다. 그래서 "너희가 믿을 때 성령을 받았느냐?"라고 물었습니다. 이 질문에 그들은 "성령이 계심도 듣지 못했습니다."라고 대답했습니다.

The Lord asks us today, "Are you filled with the Holy Spirit? Did you receive the power of the Holy Spirit?" I hope that we can all respond to Him, saying, "Yes, I am filled with the Holy Spirit."

Ephesians 5:18 says, *"Do not get drunk on wine, which leads to debauchery. Instead, be filled with the Spirit."*

The Bible doesn't suggest that being filled with the Holy Spirit is a matter of personal choice. The Bible strongly tells us to, "Be filled with the Spirit." Therefore, we must earnestly yearn to be filled with the Holy Spirit.

When we are filled with the Holy Spirit, our hearts overflow with joy, thanksgiving, grace, and love. A person filled with the Holy Spirit portrays the image of a person who enjoys worship, spreads the gospel, prays, and listens to God's Word.

Today, cults are active and at work because we have not received the power of the Holy Spirit, leaving our faith

주님이 우리에게도 이 같은 질문을 하십니다. "네가 성령충만을 받았느냐? 네가 성령의 능력을 받았느냐?" 주님이 이렇게 질문하실 때, 우리 모두 "네, 제가 지금 성령으로 충만합니다."라고 대답할 수 있기를 바랍니다.

에베소서 5장 18절의 말씀입니다. *"술 취하지 말라 이는 방탕한 것이니 오직 성령으로 충만함을 받으라"*

성경은 우리에게 성령충만을 받아도 되고, 안 받아도 된다고 말씀하지 않습니다. 성경은 "오직 성령으로 충만함을 받으라"라고 강력하게 말씀합니다. 그렇기에 우리는 성경 말씀에 순종하여 성령충만을 간절히 사모해야 합니다.

성령으로 충만하면 우리 마음에 기쁨과 감사와 은혜와 사랑이 넘쳐납니다. 예배드리는 것, 전도하는 것, 기도하는 것, 말씀을 듣는 것을 즐거워하는 모습이 바로 성령충만한 사람의 모습입니다.

오늘날 이단들의 활동이 왕성해진 이유는 우리가 성령의 능력을 받지 못하여 믿음이 약해지고 흔들리기 때문입니다. 이

weakened and shaken. Our enemy, the Devil is evil and works through cults and prowls around like a roaring lion, looking for someone to devour, deceiving those with weak faith.

The Devil keeps attacking and leading astray those who are indifferent to the presence and power of the Holy Spirit. However, if we are filled with the Holy Spirit, the Devil cannot approach us. We will fight and defeat the foul Devil. We will fight and overcome the problems we're dealing with. We will fight and overcome our weaknesses. To be victorious, we must be filled with the Holy Spirit. When we are filled with the Holy Spirit, we can live as powerful people of faith.

A long time ago, when I went to Germany to lead a retreat for Korean students who were studying in Europe, I visited Cologne Cathedral. It is the biggest cathedral in Germany, and its construction began in 1248 and was completed in 1880. It took a total of 632 years to build the cathedral.

However, when I went there, the fame of the glorious

단들을 통해서 악한 원수 마귀가 우는 사자처럼 삼킬 자를 찾으며 믿음이 약한 자를 미혹하고 있습니다.

마귀는 성령이 계심도 알지 못하고 성령의 능력도 없이 살아가는 사람들을 계속해서 미혹하고 넘어뜨리려 할 것입니다. 그러나 우리가 성령으로 충만하면 마귀가 접근하지 못합니다. 악한 원수 마귀와 싸워 이기고, 문제와 싸워 이기고, 우리의 연약함과 싸워 이기기 위해서는 성령으로 충만해야 합니다. 성령충만을 받아야 능력 있는 신앙인으로 살 수 있습니다.

오래전 제가 유럽에서 공부하는 한국 유학생들을 위한 수련회를 인도하러 독일에 갔을 때 쾰른 대성당을 방문한 적이 있습니다. 쾰른 대성당은 독일에서 가장 큰 성당으로 1248년에 착공해서 1880년에 완성되었습니다. 무려 632년에 걸쳐 지어진 것입니다.

그런데 제가 그곳에 가보니 과거의 명성은 사라지고 관광명

past had long faded and it had become a tourist attraction. Looking around the cathedral, I found a guide and asked him, "Do you still hold worship services here?" He said, "Yes." I asked how many people usually attend Sunday worship. He said only 40 to 50 people come to worship. The cathedral was large enough to accommodate thousands of people, but what was the reason that only 40 to 50 people gathered for worship? It is because the presence of the Holy Spirit had left the place. Without the presence of the Holy Spirit, every church will plummet into a mere tourist attraction akin to a museum.

Therefore, until the return of our Lord, we must be filled with the Holy Spirit. When we are filled with the Holy Spirit, we will receive His power and become witnesses of the gospel, spreading the gospel to all nations. Acts 1:8 says, *"But you will receive power when the Holy Spirit comes on you; and you will be my witnesses in Jerusalem, and in all Judea and Samaria, and to the ends of the earth."*

After the Holy Spirit came upon the disciples in the Upper Room on the day of Pentecost, the church was birthed. The 2,000-year history of the church is, in fact

소가 되었습니다. 제가 성당을 둘러보다가 안내하는 사람에게 "요즘도 예배를 드리나요?"라고 물었습니다. 그는 "네. 예배를 드립니다."라고 대답했습니다. 제가 주일 예배에 몇 명이 오냐고 다시 물었더니, 40-50명이 모인다는 것이었습니다. 수천 명을 수용할 수 있는 성당에 겨우 40-50명밖에 모이지 않는 이유가 무엇일까요? 성령의 임재가 그곳을 떠났기 때문입니다. 성령의 임재가 없으면 모든 교회가 박물관과 같은 관광명소로 전락하고 말 것입니다.

우리는 주님 오시는 날까지 성령으로 충만해야 합니다. 우리가 성령으로 충만할 때 성령의 권능을 받아 복음을 만방에 전하는 복음의 증인으로 변화될 수 있습니다. 사도행전 1장 8절입니다. **"오직 성령이 너희에게 임하시면 너희가 권능을 받고 예루살렘과 온 유대와 사마리아와 땅 끝까지 이르러 내 증인이 되리라 하시니라"**

오순절 날 마가의 다락방에 성령님이 임하심으로 교회가 탄생했습니다. 그때로부터 시작된 2,000년의 교회 역사가 바로 성령의 역사입니다. 그런데 시간이 지나면서 교회 안에 역동

history of the Holy Spirit. However, when the dynamic work of the Holy Spirit within the church gradually dissipated over time, God revived a powerful Pentecostal movement in the United States during the early 20th century. Longing to be filled with the Holy Spirit, Pastor Charles Fox Parham started Bethel Bible College in Topeka, Kansas. Students studied the Word together and gathered to pray at the school.

During a New Year's Eve worship service on December 31, 1900, in the beginning of the 20th century, students prayed to be filled with the Holy Spirit yearning to speak in tongues, just as it was recorded in the Book of Acts. Finally, on January 1, 1901, at 11 a.m., the Holy Spirit came upon a female student named Agnes Ozman. She began to speak in tongues, in Chinese, a language she had never learned before for three consecutive days.

Afterwards, other students who were present also received the gift of tongues and were filled with the Holy Spirit. A great revival had occurred. In 1904, Pastor Parham moved the school to Houston and continued the revival movement. There was an African American pastor named

적인 성령의 역사가 사라지게 되자 하나님은 20세기 초에 다시 미국에서부터 강력한 오순절 성령운동이 일어나게 하셨습니다. 찰스 팔함 목사님이 성령충만의 은혜를 사모하며 캔사스 토피카에 성경학교를 세웠습니다. 학생들은 이 학교에서 말씀을 공부하며 함께 모여 기도했습니다.

20세기가 시작되는 1900년 12월 31일, 송구영신예배를 드리면서 학생들은 사도행전에 기록된 대로 성령충만과 방언을 받기 위해 기도했습니다. 1901년 1월 1일 오전 11시에 아그네스 오즈만이라고 하는 여학생에게 성령님이 임하셨고, 그녀는 방언을 말하기 시작했습니다. 이때 그녀는 평생 배운 적 없는 중국어 방언을 3일 동안이나 말했습니다.

이후 그곳에 있던 다른 학생들도 잇달아 성령충만을 받고 모두 방언을 말하게 되면서 큰 부흥이 일어났습니다. 1904년 찰스 팔함 목사님은 휴스턴으로 학교를 옮겨 부흥 운동을 이어갔습니다. 이 학교에 윌리엄 시무어라는 흑인 목사님이 있었습니다. 당시 사회에서는 인종차별이 심했기에 흑인과 백인

William J. Seymour who attended the school. At the time, racial discrimination was severe, so black students and white students couldn't sit together in the same classroom. Pastor Seymour sat outside the classroom and listened to the lecture through the open door. He received the Holy Spirit, listening to the Word from outside the classroom. He then began the Holy Spirit movement in Los Angeles.

Pastor Seymour was a son of a slave. He was a Black man and blind in one eye. However, God poured the anointing of the Holy Spirit upon him, despite his humble and lowly position, accomplishing a great work through him. In 1906, Pastor Seymour moved to Azusa Street, where a powerful outpouring of the Holy Spirit took place. From there, the Pentecostal movement spread throughout the world.

The fire of the Holy Spirit also moved upon Korea, so that great revival movements occurred in Wonsan in 1903 and in Pyongyang in 1907. The revival movement in Pyongyang was especially astounding. Pyongyang, once called the Sodom of Korea, transformed into the Jerusalem of the East. Thousands of people began learning how

이 한 교실에서 함께 공부할 수 없었습니다. 그래서 시무어 목사님은 교실 밖에 앉아 열린 문 사이로 수업을 들었는데, 문밖에서 말씀을 듣다가 성령을 받았습니다. 그리고 그는 로스앤젤레스로 가서 성령운동을 벌이기 시작했습니다.

당시 시무어 목사님은 노예의 아들이었습니다. 흑인이었고 한쪽 눈은 보이지도 않았습니다. 그러나 하나님이 낮고 천한 자리에 있던 그에게 성령의 기름을 부어주셔서 그를 통해 위대한 역사를 이루셨습니다. 1906년 시무어 목사님이 아주사 거리로 사역지를 옮겼는데, 이곳에 강력한 성령의 역사가 나타나서 온 세계로 오순절 운동이 퍼져 나갔습니다.

그 불이 우리나라에도 옮겨와서 1903년 원산과 1907년 평양에서 대부흥운동이 일어났습니다. 특히 평양에서 일어난 성령의 역사는 놀라웠습니다. 한때 한국의 소돔이라고 불리던 평양은 동방의 예루살렘으로 변화되었습니다. 수천 명이 글을 배우기 시작했고 술주정꾼, 도박꾼, 도둑, 살인자, 미신 숭배

to read. Drunkards, gamblers, thieves, murderers, and idolaters were being transformed into new people. Schools and hospitals were being founded, the status of women advanced, and shamanism and idol worship disappeared. The revival movement stirred up nationalism to resist Japan's colonial rule, becoming the driving force behind the Korean independence movement.

This fire of the Holy Spirit continued to the tent church in Daejo-dong in 1958. The tent church grew to become Yoido Full Gospel Church, which became the center of the Revival Movement in Korea. Churches that are now emphasizing the movement of the Holy Spirit are growing not only in Korea but throughout all parts of the world. I sincerely pray that all of us may be filled with the Holy Spirit and become witnesses of the gospel to the ends of the earth.

2. A person who testifies only about Jesus

Second, when we are filled with the Holy Spirit, we become people who testify only about Jesus.

자들이 새 사람으로 바뀌었습니다. 학교와 병원이 설립되었고 여성의 지위가 향상되었으며 무속과 우상숭배가 사라졌습니다. 이러한 부흥운동은 일제 식민지 정책에 대항할 민족의식을 고취하고 독립운동을 일으키게 만든 원동력이 되었습니다.

이 성령의 불은 1958년 대조동 천막교회로 이어졌습니다. 천막교회가 성장하여 여의도순복음교회가 되었고, 여의도순복음교회를 중심으로 한국에 부흥의 역사가 다시 일어났습니다. 지금은 한국을 넘어 세계 곳곳에서 성령운동을 강조하는 모든 교회가 부흥하고 있습니다. 우리 모두 성령으로 충만하여 땅끝까지 이르러 복음의 증인으로 쓰임 받기를 간절히 바랍니다.

2. 예수님만 증거하는 사람

둘째로, 우리가 성령충만을 받으면 예수님만 증거하는 사람으로 변화됩니다.

Acts 19:4-5 says, *"Paul said, 'John's baptism was a baptism of repentance. He told the people to believe in the one coming after him, that is, in Jesus.' On hearing this, they were baptized in the name of the Lord Jesus."*

In the passage, "they" were the people who had received John's baptism of repentance. When they heard the words of the Apostle Paul and were baptized again in the name of Jesus, the Holy Spirit came upon them.

Acts 19:6-7 says, *"When Paul placed his hands on them, the Holy Spirit came on them, and they spoke in tongues and prophesied. There were about twelve men in all."*

These disciples in Ephesus at one point didn't even know about the Holy Spirit were now filled. After being filled with the Holy Spirit, they spoke in tongues and became bold preachers of the gospel. Likewise, when we are filled with the Holy Spirit, our hearts will be on fire for Jesus and will be unable to keep ourselves from sharing the Jesus we have experienced and becoming witnesses of the gospel.

사도행전 19장 4-5절입니다. "바울이 이르되 요한이 회개의 침례를 베풀며 백성에게 말하되 내 뒤에 오시는 이를 믿으라 하였으니 이는 곧 예수라 하거늘 그들이 듣고 주 예수의 이름으로 침례를 받으니"

여기서 '그들은' 침례 요한이 베푸는 회개의 침례를 받은 사람들입니다. 그들이 사도 바울의 말씀을 듣고 예수님의 이름으로 다시 침례를 받았을 때 성령님이 그들에게 임했습니다.

사도행전 19장 6-7절입니다. "바울이 그들에게 안수하매 성령이 그들에게 임하시므로 방언도 하고 예언도 하니 모두 열두 사람쯤 되니라"

성령님이 계심도 알지 못했던 에베소의 제자들에게 성령님이 임하셨습니다. 성령충만을 받은 그들은 모두 방언을 말했고 담대한 복음 증거자가 되었습니다. 이처럼 우리가 성령충만을 받으면 마음이 뜨거워져서 내가 만난 예수님을 전하지 않고는 견딜 수 없는 복음의 증인으로 변화되는 것입니다.

Sixty years ago I came to Yoido Full Gospel Church and received the baptism of the Holy Spirit. I grew up in a fourth generation Christian family. Although we had a family worship service every day, I had never heard about the fullness or the baptism of the Holy Spirit. In fact, I didn't even know that the Holy Spirit was present. However, when I came to the Full Gospel Church, Pastor Yonggi Cho emphasized in every worship service that we should all seek to be filled with the Holy Spirit and speak in tongues. At the time, I thought I wouldn't be able to have a faith life in this church if I didn't experience the Holy Spirit.

So I started to yearn earnestly for the Holy Spirit. I attended not only the Sunday school worship service but also the main worship services and participated in various revival meetings, praying to be filled with the Holy Spirit. Even though I didn't know what speaking in tongues meant, I asked God to give it to me. I prayed again and again. Then, God answered my sincere prayers.

Suddenly, my heart grew blazing hot, and tongues began to pour out of my mouth. The Holy Spirit came upon me.

저도 60년 전에 여의도순복음교회에 와서 성령침례를 받았습니다. 저는 4대째 기독교 집안에서 자라났습니다. 집에서 매일 가정예배를 드렸음에도 한 번도 성령충만이나 성령침례에 대해 들어본 적이 없었습니다. 사실상 성령님이 계심도 알지 못했습니다. 그런데 순복음교회에 나오니 조용기 목사님이 성령충만을 받고 방언을 말해야 한다고 예배 시간마다 강조하셨습니다. 당시 저는 성령체험을 하지 않고서는 이 교회에서 신앙생활을 할 수 없겠다는 생각까지 들었습니다.

그때부터 저는 간절히 성령님을 사모하기 시작했습니다. 교회학교 예배뿐 아니라 주일 대예배, 각종 부흥회에 참석하며 성령충만을 달라고 기도했습니다. 방언이 무엇인지도 몰랐지만, 하나님께 방언을 달라고 기도했습니다. 기도하고 또 기도했습니다. 그랬더니 하나님이 저의 간절한 기도에 응답해 주셨습니다.

갑자기 제 마음이 뜨거워지고 입에서 방언이 터져 나왔습니다. 성령님이 저에게 임하신 것입니다. 이후 제 신앙생활에

Thereafter, a significant change occurred in my faith life. Jesus, whom I had only known with my head knowledge, the Jesus whom I had only known through existing old stories came alive to me. Jesus was really alive. Through the experience of the Holy Spirit, I met the living Jesus. Hallelujah! I was so joyful because the Lord came into my heart. Being filled with the Holy Spirit, I only thought about Jesus. At the time, I realized that being full of the Holy Spirit is "being full of Jesus."

John 14:26 says, *"But the Advocate, the Holy Spirit, whom the Father will send in my name, will teach you all things and will remind you of everything I have said to you."*

John 15:26 also says the following: *"When the Advocate comes, whom I will send to you from the Father—the Spirit of truth who goes out from the Father—he will testify about me."*

What does the Holy Spirit do when He comes? The Holy Spirit testifies about Jesus, makes us remember about the teachings of Jesus, and continues the work of Jesus.

서 크게 달라진 것이 있습니다. 머리에서 지식으로만 알았던 예수님, 옛날이야기 속에 있는 줄 알았던 예수님이 살아서 제게 오셨습니다. 예수님은 진정 살아계셨습니다. 저는 성령체험을 통해 살아계신 예수님을 만났습니다. 할렐루야! 주님이 내 마음속에 들어오시니 얼마나 기뻤는지 모릅니다. 성령충만을 받고는 예수님만 생각하게 되었습니다. 그때 저는 성령충만이 곧 '예수충만'이라는 사실을 깨닫게 되었습니다.

요한복음 14장 26절입니다. "보혜사 곧 아버지께서 내 이름으로 보내실 성령 그가 너희에게 모든 것을 가르치고 내가 너희에게 말한 모든 것을 생각나게 하리라"

요한복음 15장 26절도 다음과 같이 말씀합니다. "내가 아버지께로부터 너희에게 보낼 보혜사 곧 아버지께로부터 나오시는 진리의 성령이 오실 때에 그가 나를 증언하실 것이요"

성령님이 오셔서 하시는 일은 무엇인가요? 성령님은 예수님을 증거하시고, 예수님의 가르침을 생각나게 하시며, 예수님이 하신 일을 이어가십니다. 또한 성령님은 우리가 자나 깨나

The Holy Spirit also makes us think of Jesus whether we're awake or asleep and makes us more like Jesus. He makes us testify of Jesus and live for His glory. So when we are filled with the Holy Spirit, we bear the fruit of the Holy Spirit, which is the character of Jesus.

Galatians 5:22-23 introduces the fruit of the Holy Spirit: *"But the fruit of the Spirit is love, joy, peace, forbearance, kindness, goodness, faithfulness, gentleness and self-control. Against such things there is no law."*

When we bear the fruit of the Spirit, we become more like Jesus and live as witnesses of the gospel to all nations, proclaiming the Jesus we have encountered.

John 16:14 says, *"He will glorify me because it is from me that he will receive what he will make known to you."*

The Holy Spirit is the Spirit of Jesus. So He makes us exalt only Jesus, boast only of Jesus, and resemble only Jesus. The person filled with the Holy Spirit shouldn't boast

예수님을 생각하게 하시고 예수님을 닮아가게 만드십니다. 예수님을 증거하며 예수님의 영광을 위해 살도록 만들어 주십니다. 그래서 우리가 성령충만을 받으면 예수님의 성품인 성령의 열매를 맺게 되는 것입니다.

갈라디아서 5장 22-23절은 성령의 열매를 소개합니다. "오직 성령의 열매는 사랑과 희락과 화평과 오래 참음과 자비와 양선과 충성과 온유와 절제니 이같은 것을 금지할 법이 없느니라"

우리가 성령의 열매를 맺으면 작은 예수로 변화되어 우리가 만난 예수님을 만방에 전하는 복음의 증인으로 살게 될 것입니다.

요한복음 16장 14절입니다. "그가 내 영광을 나타내리니 내 것을 가지고 너희에게 알리시겠음이라"

성령님은 예수님의 영으로 우리가 오직 예수님만 높이고 예수님만 자랑하고 예수님만 닮아가게 만들어 주십니다. 성령충만한 사람은 자기 자랑을 하지 않습니다. 성령충만한 사람은

of oneself. The person filled with the Holy Spirit boasts only of Jesus. Even if miracles and various spiritual gifts manifest after being filled with the Holy Spirit, we should humbly exalt Jesus alone. All of these gifts are granted to us by the Holy Spirit for a short term for the glory of God, not what we have done. When the Holy Spirit comes upon us, He empowers us to do the work of Jesus. Above all, He makes us witnesses who spread the gospel of Jesus.

This is the story of a missionary couple Chulgi Kim and Woonseok Heo, who went into the Amazon jungle of Brazil in 1991 to preach the gospel. They experienced all kinds of hardships while spreading the gospel. Their entire family was bitten by poisonous insects and scratching through the night left blisters of blood and pus. In another instance, a native person gave missionary Kim poisoned food, putting him in critical condition. Nevertheless, they didn't leave the Amazon, but rather taught the natives songs of praise and preached that Jesus is the Savior. Then one by one, people began to change and the mission work began to bear fruit.

However, in 2006, Missionary Heo was diagnosed with

예수님만 자랑합니다. 성령충만을 받은 후 기적이 나타나고 각종 은사가 나타나도 우리는 겸손히 예수님만 높여야 합니다. 그 모든 것은 하나님의 영광을 위해 성령님이 우리에게 잠시 허락하신 것이지 우리 자신의 능력이 아닙니다. 성령님이 임하시면 성령님이 우리로 예수님의 일을 하게 만들어 주십니다. 특히 우리를 예수님의 복음을 전하는 증인으로 세워주십니다.

1991년 브라질 아마존 정글에 들어가서 복음을 전한 김철기, 허운석 선교사님 부부의 이야기입니다. 선교사님 부부는 그곳에서 온갖 고생을 하며 복음을 전했습니다. 온 가족이 독충에 물려 밤새 긁는 바람에 피고름도 나기도 했고, 어떤 원주민이 김 선교사님에게 독이 든 음식을 줘서 중태에 빠지게 만들기도 했습니다. 그럼에도 선교사님 부부는 아마존을 떠나지 않고 원주민 인디오들에게 찬양을 가르치고 그들에게 예수님이 구세주이심을 전했습니다. 그러자 한 사람, 두 사람씩 변화되면서 선교의 열매가 맺히기 시작했습니다.

그런데 2006년에 허 선교사님이 폐암 진단을 받았습니다.

lung cancer. After receiving surgery, she defied doctor's orders to recuperate and instead returned to the Amazon jungle to share the gospel. An amazing revival took place. As the missionary couple and native people gathered and prayed, the Holy Spirit came upon them. The natives wailed and wept with tears as they repented of their sins. More and more natives turned to the Lord and were transformed.

The missionary couple founded a theological school and taught theology to the natives even though they didn't have a written language. As a result, many students graduated from the school and became pastors, dedicating themselves to the glory of God. Unfortunately, Missionary Heo's cancer returned in 2010, and she has gone to heaven early. However, even after the relapse, she continued planting churches in the Amazon and confessed in the following.

"As a missionary, I was in a position respected by people. This was a time when I could have been prideful. However, it was at that time, God allowed me to go through cancer. God was considerate as He wanted to give me a gift in heaven rather than be acknowledged by people. Actually,

폐암 수술을 받은 후 요양을 권하는 의사의 만류도 뿌리치고 선교사님은 다시 아마존 정글로 들어가서 복음을 전했습니다. 그러자 놀라운 부흥의 역사가 일어났습니다. 선교사님 부부와 원주민들이 함께 모여 기도할 때 성령님이 임하셨습니다. 원주민들은 눈물로 통곡하며 자신들의 죄를 회개했습니다. 그리고 점점 더 많은 원주민이 주님께 돌아오고 변화되었습니다.

선교사님 부부는 그곳에 신학교를 세워서 문자도 없는 그들에게 신학을 가르쳤습니다. 이후 수많은 학생이 그 학교를 졸업하고 목사가 되어 하나님의 영광을 위해 헌신하게 되었습니다. 2010년에 암이 재발해서 허 선교사님은 결국 하늘나라로 갔습니다. 하지만 암이 재발한 후에도 그녀는 계속 아마존에서 사역하며 교회를 세웠고, 다음과 같이 고백했습니다.

"저는 선교사로 사람들에게 존경받을 만한 위치에 섰습니다. 교만해질 수 있는 시기였죠. 그런데 이때 하나님께서 저에게 암을 허락하셨어요. 사람들의 존경보다 천국에서의 선물을 주시려는 하나님의 배려죠. 사실 암이 발병하고 까닭 없이 많

after I was diagnosed with cancer, I received a lot of insult and humiliation without reason. Some people thought that, because of my devotion, I should have received a blessing, not cancer, and they looked at me with eyes full of doubt. However, the suffering of battling death was actually the path to blessing, being clothed with Jesus Christ. I will only exalt Jesus until the end of my days, and on the day I finish my mission on this earth, I will stand before the Lord."

May you all be filled with the Holy Spirit, only exalting Jesus, only resembling Jesus, and only testifying about Jesus. I bless you all in the name of our Lord Jesus.

3. A person who leads a revival

Third, when we are filled with the Holy Spirit, we become people who lead a revival.

Revival follows after being filled with the Holy Spirit. When the church is filled with the Holy Spirit, revival will not cease until the day our Lord returns. When the church

은 모욕과 수치를 당했어요. 그렇게 헌신했으면 복을 받아야지 왜 암을 받았느냐며 의심의 눈초리도 있었죠. 그런데 죽음과 투쟁하는 그 고통이 예수 그리스도를 덧입게 하는 축복의 통로였습니다. 이 생명 다하기까지 예수님만 높이다가 이 땅의 사명을 마감하는 날, 주님 앞에 설 것입니다."

여러분 모두 성령충만을 받아서 예수님만 높이고 예수님만 닮아가고 예수님만 증거하게 되기를 주님의 이름으로 축원합니다.

3. 부흥의 역사를 주도하는 사람

셋째로, 성령충만을 받으면 부흥의 역사를 주도하는 사람들로 변화됩니다.

성령충만의 역사 뒤에는 부흥이 따라옵니다. 교회가 성령으로 충만하면 부흥의 역사는 주님이 오시는 그날까지 그치지 않을 것입니다. 교회가 부흥할 때 하나님의 기적과 이사가 나

is revived, God's miracles and wonders are released. The Bible records various miracles that occurred during the revival of the early church, especially through the Apostle Paul.

Acts 19:11-12 says, *"God did extraordinary miracles through Paul, so that even handkerchiefs and aprons that had touched him were taken to the sick, and their illnesses were cured and the evil spirits left them."*

However, the seven sons of Sceva, a Jewish high priest, living in Ephesus, tried imitating the Apostle Paul as they invoked the name of Jesus Christ. The evil spirit answered them, "Jesus I know, and Paul I recognize, but who are you?" Then the man with the evil spirit leaped on them, overpowered them, and gave them such a beating that they fled out of the house naked and wounded. This became known to all in Ephesus.

Acts 19:17-18 says, *"When this became known to the Jews and Greeks living in Ephesus, they were all seized with fear, and the name of the Lord Jesus was held in high honor. Many*

타나게 됩니다. 성경은 초대교회가 부흥할 때 나타났던 다양한 기적들에 대해 기록하고 있는데, 특히 사도 바울을 통해 많은 기적이 나타났습니다.

사도행전 19장 11-12절입니다. "하나님이 바울의 손으로 놀라운 능력을 행하게 하시니 심지어 사람들이 바울의 몸에서 손수건이나 앞치마를 가져다가 병든 사람에게 얹으면 그 병이 떠나고 악귀도 나가더라"

그런데 에베소에 사는 유대의 한 제사장 스게와의 일곱 아들들이 바울을 흉내 내려고 했습니다. 그들이 예수님의 이름으로 병을 고치려고 하자 귀신 들린 사람이 "내가 바울도 알고 예수 그리스도도 아는데 넌 누구냐?"라고 말했습니다. 그리고 그들에게 달려들어 힘으로 그들을 누르고 때렸습니다. 결국 그들은 발가벗긴 채로 도망가고 말았습니다. 이 일이 에베소에 소문났습니다.

사도행전 19장 17-18절입니다. "에베소에 사는 유대인과 헬라인들이 다 이 일을 알고 두려워하며 주 예수의 이름을 높이고 믿은 사람들이 많이 와서 자복하여 행한 일을 알리며"

of those who believed now came and openly confessed what they had done."

Another remarkable incident took place in Acts 19:19. *"A number who had practiced sorcery brought their scrolls together and burned them publicly. When they calculated the value of the scrolls, the total came to fifty thousand drachmas."* Fifty thousand drachmas was worth a year's wages for about 140 people. They burned all the scrolls used for sorcery.

When the power of the Holy Spirit comes, the power of darkness leaves. The evil spirit is driven out. Miracles occur. When the Holy Spirit comes upon us, God transforms us, our family, and our society. He pours His grace upon this land. In this difficult situation where there's tension between North and South Korea, only the Holy Spirit is our hope. Only Jesus Christ is the problem solver. When those who believe in Jesus are filled with the Holy Spirit, God will break down the Military Demarcation Line(MDL) and He will do the amazing work of unifying North and South Korea through the gospel of Jesus Christ.

Pastor Yongwon Shin helps rehabilitate drug addicts.

이러한 사건이 또 있었습니다. 사도행전 19장 19절입니다. **"또 마술을 행하던 많은 사람이 그 책을 모아 가지고 와서 모든 사람 앞에서 불사르니 그 책 값을 계산한즉 은 오만이나 되더라"** 은 오만 드라크마는 140명이 1년 일해서 모은 금액 정도의 가치입니다. 그렇게 모든 마술하는 책을 불살라버렸습니다.

성령의 능력이 임하면 흑암의 세력이 물러갑니다. 귀신이 쫓겨납니다. 기적이 일어납니다. 성령님이 임하시면 하나님이 우리와 가정과 사회를 변화시켜 주십니다. 하나님의 은혜를 이 땅에 부어주시는 것입니다. 남북이 대치되고 있는 이 어려운 상황에 성령님만이 우리의 희망이십니다. 예수님만이 문제의 해결자이십니다. 예수님을 믿는 우리들이 성령충만하면 하나님이 휴전선을 무너뜨려 주시고 남북이 그리스도의 복음으로 통일되는 놀라운 역사를 이루어 주실 것입니다.

신용원 목사님은 마약 중독자의 재활을 돕고 있습니다. 그

He lost his father at the age of 9 and lived with his single mother. Although he grew up in severe poverty, he was bright at a young age and dreamed of being a judge. However, when he was 18 years old, his friend's mother said some hurtful words. "Don't hang around with Yongwon, who is poor and has no father." He was badly hurt, and as feelings of rage overtook him, he went astray. He hung around with those who used violence. When he was in the military, he severed his left index finger, which led to him being dishonorably discharged only 6 months into his military service. When his business failed, he started taking drugs.

He smoked marijuana, took methamphetamine, and became completely addicted to drugs. In 1994, as the ringleader of the violence incident at the Jogye Order, he was put on the most wanted list and was on the run from the police. While hiding out at a prayer house in Gyeonggi Province, he thought 'it would be better to die than be on the run,' so he tried to commit suicide by hanging himself with a clothesline. At that moment, he remembered what his mother always used to say: "A person can live by receiving the grace of God."

는 9살에 아버지를 여의고 홀어머니를 모시고 살았습니다. 어린 시절에 매우 가난한 환경에서 자랐지만, 머리가 좋아서 법관이 되는 꿈을 마음에 품었습니다. 그런데 18살 때 친구 어머니가 그의 마음속에 큰 상처를 주는 말을 남겼습니다. "용원이 같이 가난하고 아버지 없는 애랑 사귀지도 말아라." 크게 상처를 받고 마음에 분노가 치밀어서 탈선해 버리고 말았습니다. 그래서 주먹을 휘두르며 사는 사람들과 함께 어울렸습니다. 군대에 갔을 때는 왼쪽 검지를 잘라서 6개월 만에 불명예제대하기도 했습니다. 사업을 하다가 쫄딱 망했을 때 손을 댄 것이 마약입니다.

그는 대마초에 필로폰까지 손을 댔고 완전히 마약에 중독되었습니다. 1994년 그는 조계종 폭력 사태의 주동 인물이 되어서 지명수배를 받아 도망을 다니게 되었습니다. 경기도에 있는 한 기도원에서 숨어있었는데 '이렇게 도망 다니느니 차라리 죽는 것이 낫겠다.'라고 생각하고 빨랫줄을 가져다가 목을 매어 죽으려고 했습니다. 그때 어머니가 늘 하셨던 말씀이 생각났습니다. "사람은 하나님의 은혜를 받아야 산다."

So before he attempted to end his life, he went into a closet and cried out to God. "God, if You're alive, pour Your grace upon me." He prayed again and again. While he was praying, he received the fire of the Holy Spirit. He started to speak in tongues and became a new person. Hallelujah!

So he came out of the prayer house and turned himself into the police. After serving his time in prison, he signed up for seminary and became a pastor. He now serves as the senior pastor of a drug rehabilitation community, 'People Who Share Hope'. He cares for people who are released from prison and loves them with the Lord's love, transforming their lives. He confessed, "Being filled with the Holy Spirit, I became renewed, and the goal of my life changed to live a life for God. As Jesus was with the orphans, widows, and the sick, I will work for the marginalized and the weak."

When the Holy Spirit comes upon us, transformation occurs. When the Holy Spirit comes upon us, blessings come to us. When the Holy Spirit comes upon us, revival comes upon us.

그래서 마지막 죽기 전에 기도원 골방에 들어가서 울며 기도했습니다. "하나님이 살아 계시다면 나에게 하나님의 은혜를 부어주세요." 기도하고 또 기도했습니다. 그렇게 기도하다가 성령의 불을 받았습니다. 방언이 터져 나왔고 그는 새사람이 되었습니다. 할렐루야!

그래서 그는 기도원에서 나와 자수했습니다. 감옥에서 형을 치르고 난 후 신학교에 들어가서 목사가 되었습니다. 지금 마약 치료 재활공동체교회인 '소망을 나누는 사람들'의 담임목사로 섬기고 있습니다. 감옥에서 나온 사람들을 돌보고 그들을 주님의 사랑으로 변화시키는 귀한 사역을 감당하고 있습니다. 그는 이런 고백을 했습니다. "저는 성령의 충만함을 통해 새롭게 되었고 제 삶의 목표는 하나님을 위한 삶으로 변화되었습니다. 예수님이 고아와 과부, 병든 자와 함께 하셨듯이 사회적 약자들을 위해 일할 것입니다."

성령님이 임하시면 변화가 다가옵니다. 성령님이 임하시면 축복이 다가옵니다. 성령님이 임하시면 부흥이 임하는 것입니다.

Acts 19:20 concludes, *"In this way the word of the Lord spread widely and grew in power."*

"Lord, let us be filled with the Holy Spirit. Let the Word of God work be active in us. Let all the problems within me leave, my weakness become strengthened, may healing come upon us. Let us be transformed by power of the Holy Spirit. Let us become more like Jesus. Help us become Your workers, serving the poor, neglected, naked, and hungry people with the love of Jesus, preaching the gospel to all nations. Let us be workers of faith who record Acts Chapter 29. Lord, let the glory of God be revealed to the whole world through us."

May you all be filled with the Holy Spirit, living a life of commitment before the Lord. I bless you all in the name of Jesus.

사도행전 19장 20절은 결론적으로 이렇게 말씀합니다. "이와 같이 주의 말씀이 힘이 있어 흥왕하여 세력을 얻으니라"

"주여, 우리에게 성령으로 충만케 하여 주옵소서. 말씀이 살아 역사하게 하여 주옵소서. 내 심령의 모든 문제가 떠나가고 연약한 모습이 강건하게 되고 우리에게 치료가 임하게 하옵소서. 성령의 역사로 우리가 변화되게 하옵소서. 우리가 예수님을 닮은 작은 예수가 되게 하옵소서. 가난하고 소외되고 헐벗고 굶주린 사람들을 주의 사랑으로 섬기고 만방에 주의 복음을 전하며 살아가는 주의 일꾼들이 되게 하여 주옵소서. 사도행전 29장을 써나가는 믿음의 일꾼들이 되게 하여 주옵소서. 주여, 우리를 통해 하나님의 영광이 온 천하에 드러나게 하옵소서."

이처럼 성령으로 충만하여 주님 앞에 헌신하는 삶을 살아가는 여러분 되시기를 주님의 이름으로 축원합니다.

2

Build the House of God

Haggai 1:3-8

Then the word of the LORD came through the prophet Haggai: "Is it a time for you yourselves to be living in your paneled houses, while this house remains a ruin?" Now this is what the LORD Almighty says: "Give careful thought to your ways. You have planted much, but harvested little. You eat, but never have enough. You drink, but never have your fill. You put on clothes, but are not warm. You earn wages, only to put them in a purse with holes in it." This is what the LORD Almighty says: "Give careful thought to your ways. Go up into the mountains and bring down timber and build my house, so that I may take pleasure in it and be honored," says the LORD.

The temple of God was at the center of the Israelites' lives and faith. However, because they continued to sin and didn't turn their hearts to God, they eventually came under judgment. As a result, their temple was ruined and their nation destroyed. As they were scattered throughout the land, wherever they went, they first established a synagogue, and Jewish villages were built around it. Jesus often chose

2
하나님의 집을 세우라

--- 학개 1:3-8 ---

야훼의 말씀이 선지자 학개에게 임하여 이르시되 이 성전이 황폐하였거늘 너희가 이 때에 판벽한 집에 거주하는 것이 옳으냐 그러므로 이제 만군의 야훼가 이같이 말하노니 너희는 너희의 행위를 살필지니라 너희가 많이 뿌릴지라도 수확이 적으며 먹을지라도 배부르지 못하며 마실지라도 흡족하지 못하며 입어도 따뜻하지 못하며 일꾼이 삯을 받아도 그것을 구멍 뚫어진 전대에 넣음이 되느니라 만군의 야훼가 말하노니 너희는 자기의 행위를 살필지니라 너희는 산에 올라가서 나무를 가져다가 성전을 건축하라 그리하면 내가 그것으로 말미암아 기뻐하고 또 영광을 얻으리라 야훼가 말하였느니라

이스라엘 백성의 삶과 신앙의 중심에는 성전이 있었습니다. 그런데 그들이 계속해서 죄를 짓고 마음을 돌이키지 않아서 결국 하나님께 심판받게 되었고, 그 결과 성전이 무너지고 이스라엘이 멸망당하고 말았습니다. 흩어진 그들은 가는 곳마다 회당을 먼저 세웠고 회당을 중심으로 유대인들의 마을이 생겨났습니다. 그래서 예수님이 말씀을 전하고 하나님 나라에 대

the synagogue as the place to teach and preach about the Kingdom of God.

After Jesus ascended into heaven, the Holy Spirit came on the day of Pentecost, and the church was established. God established the church on earth as the ark of salvation and the path to His blessings. The church replaced the temple and synagogue of the Old Testament era and became a place of worshiping God and prayer. The church also became the center for missions, sharing the gospel to all the nations.

The head of the church is Jesus Christ. Only Jesus is at the center of the church, receiving the glory and carrying out His precious plans. Through the church and its work, the name of Jesus is proclaimed to the whole world.

What happens if the church does not take on its essential role? In the Word, the Prophet Haggai rebuked and warned that the temple would be in ruins and would no longer function.

해 가르치기 위해 종종 찾아가신 곳도 바로 회당이었습니다.

　예수님이 승천하신 후 오순절 날 성령님이 임하셔서 교회가 세워졌습니다. 교회는 하나님이 이 땅에 세우신 구원의 방주로 축복의 통로가 되었고, 구약 시대의 성전과 회당을 대신해 하나님께 예배드리고 기도하는 곳이 되었습니다. 또한 교회는 복음을 만방에 전하는 선교의 중심이 되었습니다.

　이 교회의 머리는 예수님이십니다. 예수님만이 교회 가운데 좌정하셔서 영광을 받으시고 주님의 귀한 뜻을 펼치십니다. 그러므로 교회가 하는 모든 일을 통해 예수님의 이름이 온 세상에 전파되어야 합니다.

　그런데 교회가 본연의 역할을 하지 못한다면 어떻게 될까요? 학개 선지자는 성전이 황폐해져서 제 기능을 하지 못한다고 책망하며 경고의 말씀을 선포했습니다.

1. The temple in ruins

First, I would like to reflect on the temple that was in ruins.

Haggai 1:4 says, *"Is it a time for you yourselves to be living in your paneled houses, while this house remains a ruin?"*

God judged the Israelites who left God. By the invasion of Babylon in 586, the temple laid ruined, and the nation destroyed. After the Israelites were taken as captives by Babylon, they repented and prayed for Israel's restoration. God heard their prayers of repentance and after 70 years of captivity, the Israelites were sent back to their hometowns by the Persian King, Cyrus. As they returned and began to rebuild the temple, they faced strong opposition that hindered them, bringing the temple reconstruction to a halt. The temple remained unfinished and in ruins. The Prophet Haggai rebuked them because of it.

God said through the prophet Haggai that the temple was in ruins. No matter what happens, we should never

1. 황폐해진 성전

첫째로, 황폐해진 성전에 대해 생각해 보기를 원합니다.

학개 1장 4절입니다. "이 성전이 황폐하였거늘 너희가 이 때에 판벽한 집에 거주하는 것이 옳으냐"

하나님을 떠난 이스라엘 백성들은 하나님의 심판을 받게 되었습니다. 주전 586년에 바벨론 침공으로 성전이 무너지고 나라가 멸망했습니다. 그들은 바벨론에 포로로 끌려간 후에 회개하며 이스라엘의 회복을 위해 기도했습니다. 하나님은 그들의 회개를 들으셨고 포로 생활 70년 만에 페르시아의 왕 고레스를 통해 그들을 고향으로 돌아가게 하셨습니다. 그런데 그들이 고향으로 돌아와 성전을 재건하기 시작하자 그것을 방해하는 세력이 나타나서 성전 재건은 중단되고 말았습니다. 그래서 성전은 황폐해진 모습 그대로 방치되었습니다. 학개 선지자는 이것을 책망한 것입니다.

하나님은 학개 선지자를 통해 성전이 황폐해졌다고 말씀하셨습니다. 어떤 경우에도 성전이, 교회가 황폐해지면 안 됩니

allow the temple or the church to be in ruins. If the church becomes desolate, life will be desolate, and everything else will be downhill thereafter.

The book of Acts records that Paul stayed in the church of Ephesus for more than three years, and he preached the gospel there. As a result, the church grew strong (Acts 19:1-20, 20:31). Outwardly, the church was solid, above reproach. However, at some point, the church of Ephesus lost their first love for the Lord, so He rebuked them for this in Revelation 2:4. *"Yet I hold this against you: You have forsaken the love you had at first."* When believers lose their first love, the church will be in spiritual ruins.

King Solomon built a beautiful temple for seven years by offering God a lot of sacrifices. Finally, God was pleased when the temple was completed and dedicated. God promised that He would answer the prayers offered in the temple. 2 Chronicles 7:15-16 says, *"Now my eyes will be open and my ears attentive to the prayers offered in this place. I have chosen and consecrated this temple so that my Name may*

다. 교회가 무너지면 삶이 무너지고 모든 것이 내리막길을 걷게 됩니다.

사도행전에는 사도 바울이 에베소교회에 3년 이상 머물며 복음을 전한 결과 교회가 부흥했다고 기록되어 있습니다(행 19:1-20, 20:31). 표면적으로 에베소교회는 견고해졌고 흠잡을 데가 없었습니다. 그런데 어느 순간부터 에베소교회 성도들이 주님을 향한 첫사랑의 감격을 잃어버렸습니다. 그래서 주님은 요한계시록 2장 4절에서 그들의 이 같은 모습을 책망하셨습니다. **"그러나 너를 책망할 것이 있나니 너의 처음 사랑을 버렸느니라"** 성도가 첫사랑을 잃어버리면 교회가 영적으로 황폐해집니다.

솔로몬 왕은 7년 동안 성전을 지었는데, 웅장하고 아름다운 성전을 짓기 위해 많은 재물을 하나님께 드렸습니다. 마침내 성전이 완공되어 성전 봉헌식을 했을 때 하나님은 매우 기뻐하시면서 그 성전에서 드리는 기도에 응답해 주시겠다고 말씀하셨습니다. 역대하 7장 15-16절입니다. **"이제 이 곳에서 하는 기도에 내가 눈을 들고 귀를 기울이리니 이는 내가 이미 이**

be there forever. My eyes and my heart will always be there."

As God promised, when the Israelites came to the temple to pray, God heard their prayers and answered them. However, despite God's blessings, they forgot their first love for God.

The Israelites had experienced God's amazing grace and deliverance. God had brought the Israelites out of bondage where they had been enslaved in Egypt for 430 years, leading them into the land of Canaan. After the temple had been built, they had been able to worship God and enjoy the blessings He had given them. Nevertheless, they forgot what God had done for them, no longer grateful nor moved by God's grace.

They deviated from the temple-centered faith, turning to a self-centered faith. God's presence left them as they worshiped idols and pursued worldly pleasures. When His presence left, the temple became desolate, and when the temple became desolate, the nation was on the road to destruction.

성전을 택하고 거룩하게 하여 내 이름을 여기에 영원히 있게 하였음이라 내 눈과 내 마음이 항상 여기에 있으리라"

하나님이 약속하신 것처럼 이스라엘 백성들이 성전에 나와 기도했을 때 하나님이 그 기도를 들으시고 응답해 주셨습니다. 그런데 안타깝게도 하나님의 축복을 받은 후에 하나님에 대한 첫사랑을 잃어버렸습니다.

이스라엘 백성들은 하나님의 놀라운 구원의 은혜를 경험한 바 있습니다. 하나님이 애굽에서 430년 동안 종살이하던 그들을 구원해 주시고 가나안 땅으로 인도하셨습니다. 게다가 성전이 지어진 후에는 그곳에서 하나님을 예배하며 축복을 누릴 수 있게 해주셨습니다. 그럼에도 그들은 그 모든 은혜에 대한 감사와 감격을 잃어버린 것입니다.

성전 중심의 신앙이 자기중심의 신앙으로 변질되었습니다. 그들이 우상을 숭배하며 세상의 향락을 따라 살게 되자 하나님의 임재가 떠났습니다. 하나님의 임재가 떠나자 성전이 황폐해졌고, 성전이 황폐해지자 나라가 멸망의 길로 가게 된 것입니다.

What do we look like today? Have we also forgotten about His love, unmoved by Him? We were overwhelmed when we first met Jesus. Joy and thanksgiving overflowed in us. However, are these still a part of us now? Or have they become old memories? We must look back on ourselves.

We have become prosperous because of God's grace and blessings. However, in the meantime, we have lost our first love becoming spiritually stagnant and desolate. What about you? We must examine ourselves to see whether our joy and thanksgiving, our tears and desperate prayers have vanished or not.

In July 1973, our church moved from Seodaemun to Yoido. At first, we worried about how we could fill the seats in this large sanctuary. However, when the grace of the Holy Spirit came, an explosive revival occurred bringing people in masses like clouds rolling in. There were so many people that having seven services couldn't accommodate them all. We ended up making district churches throughout the metropolitan area of Seoul, and soon the district churches were filled as well.

오늘날 우리의 모습은 어떠한가요? 우리도 첫사랑의 감격을 잃어버리지는 않았나요? 예수님을 처음 만났을 때 우리 안에 감사와 기쁨과 감격이 넘쳤습니다. 그러나 지금 우리에게 그것들이 그대로 남아있나요? 아니면 먼 옛날의 기억이 되어버렸나요? 우리는 우리 자신을 돌아봐야 합니다.

우리는 하나님의 은혜와 축복을 받아서 이렇게 풍요롭게 살게 되었지만, 그러는 사이에 첫사랑의 감격은 사라지고 영적으로는 침체하고 황폐해졌습니다. 여러분은 어떤가요? 우리는 기쁨과 감사, 눈물과 간절한 기도가 사라진 것은 아닌지 스스로 돌아봐야 합니다.

우리 교회는 1973년 7월에 서대문에서 여의도로 이전했습니다. 처음에는 이 넓은 성전을 어떻게 채울지 염려했습니다. 그런데 성령님의 은혜가 임하자 폭발적인 부흥이 일어나서 사람들이 구름 떼처럼 몰려왔습니다. 얼마나 많은 사람이 몰려왔는지 1부에서 7부까지 예배를 드려도 성도들을 다 수용할 수 없었습니다. 결국 서울 전역에 지성전을 세우게 되었고, 곧 지성전에도 성도들이 가득 차게 되었습니다.

When the church moved to Yoido, there was no public transportation that stopped in front of the church. Since the bus only ran to the entrance of Mapo Bridge, the church members had to walk across the bridge to attend church. In the cold winter, they braved the chilly winds and in the hot summer, sweating profusely under the scorching sun. However, their passion for God was so extraordinary that they endured the cold and heat, walking over 30 minutes without grumbling, and worshiped with joy and thanksgiving. They worshiped as they were moved in tears.

Compared to the past, we can easily come to church and even worship at home online. Sadly, however, our earnest desire and fervor for worship have been dwindling. We must restore our passion for worship. We must restore our passionate first love for Jesus.

Today, as many churches are losing the passion of their first love, division, conflict, and tension are occurring within the church. Many people leave the church because of it, and the church becomes the target of harsh criticism from non-believers.

여의도로 이전할 당시에는 교회 앞까지 오는 교통편이 없었습니다. 버스가 마포대교 입구까지만 운행하고 돌아갔기 때문에 성도들은 마포대교를 걸어서 교회로 와야 했습니다. 추운 겨울에는 찬바람을 맞으며, 여름에는 불볕더위에 땀을 뻘뻘 흘리며 마포대교를 건너왔습니다. 성도님들의 열정이 얼마나 대단했던지 추위와 더위를 견디며 30분을 넘게 걸어도 불평하지 않고 기쁨과 감사로 예배드렸습니다. 모두가 눈물의 감격 속에서 예배드렸습니다.

지금은 예전과 비교하면 쉽게 교회에 올 수도 있고 심지어 집에서 온라인으로도 예배를 드릴 수 있습니다. 그런데 안타까운 것은 예배에 대한 간절함과 감격이 점점 사라지고 있다는 것입니다. 우리는 예배에 대한 열정을 회복해야 합니다. 주님을 처음 만났을 때 뜨겁게 타올랐던 첫사랑을 회복해야 합니다.

오늘날 많은 교회가 첫사랑의 감격을 잃어버리면서 교회 안에 분열과 대립과 갈등이 일어나고 있습니다. 그로 인해 많은 사람이 교회를 떠나고, 교회는 세상 사람들의 비판의 대상이 되고 있습니다.

So we must unite as one in the Holy Spirit and be equipped with absolute positivity and absolute thanksgiving. As God's people, we are called to pray for the church, evangelize with passion, and serve the Lord. When we embrace in love and pray for one another, the church's disputes will fade away and problems will be solved.

Above all, we must be restored to our first love. We must renew our passion of faith, unite as one in Christ's love, grow daily, and recover the image of the church being commended by the world.

The early church displayed that kind of church. The early church members devoted themselves to "the apostles' teaching and to fellowship, to the breaking of bread, and to prayer"(Acts 2:42). Acts 2:47 records the result of the church uniting as one. *"Praising God and enjoying the favor of all the people. And the Lord added to their number daily those who were being saved."*

I hope that we restore the same passion for faith as the early church and experience an amazing growth and revival

그렇기에 우리는 성령 안에서 하나가 되어야 합니다. 절대 긍정, 절대 감사로 무장해야 합니다. 하나님의 백성으로서 교회를 위해 기도하고 열정으로 전도하며 주님을 섬겨야 합니다. 사랑으로 서로를 품어주고 서로를 위해 기도할 때 교회의 모든 다툼이 사라지고 문제가 해결됩니다.

무엇보다 우리는 첫사랑을 회복해야 합니다. 신앙의 열정을 회복해야 합니다. 그리스도의 사랑으로 하나가 되어 날마다 부흥하고 세상으로부터 칭찬받는 교회의 모습을 회복해야 합니다.

초대교회가 바로 그러한 교회였습니다. 초대교회의 성도들이 "사도의 가르침을 받아 서로 교제하고 떡을 떼며 오로지 기도하기를"(행 2:42) 힘썼을 때 그 결과로 일어난 일에 대해 사도행전 2장 47절은 이렇게 기록합니다. "하나님을 찬미하며 또 온 백성에게 칭송을 받으니 주께서 구원 받는 사람을 날마다 더하게 하시니라"

우리도 초대교회와 같은 신앙의 열정을 회복하여 놀라운 부흥의 역사를 경험하고, 하나님과 세상으로부터 칭찬받을 수

and also that we are commended by God and the world.

2. Examining our faith

Second, I would like for us to think about examining our faith.

Haggai 1:7 says, *"This is what the LORD Almighty says: 'Give careful thought to your ways.'"*

Cyrus, king of Persia, commanded the Israelites to return to their homeland and rebuild the temple. However, when they returned, the foreign nations living there hindered and opposed the rebuilding of the temple.

Ezra 4:4-6 says, *"Then the peoples around them set out to discourage the people of Judah and make them afraid to go on building. They bribed officials to work against them and frustrate their plans during the entire reign of Cyrus king of Persia and down to the reign of Darius king of Persia. At the beginning of the reign of Xerxes, they lodged an accusation against the people of Judah and Jerusalem."*

있기를 바랍니다.

2. 신앙의 반성

둘째로, 신앙의 반성에 대해 생각해 보기를 원합니다.

학개 1장 7절입니다. "만군의 야훼가 말하노니 너희는 자기의 행위를 살필지니라"

페르시아 왕 고레스가 이스라엘 백성들에게 고향으로 돌아가서 성전을 지으라고 명했습니다. 그러나 그들이 돌아왔을 때 그곳에 살던 이방 민족들이 성전 재건을 방해하고 반대했습니다.

에스라 4장 4-6절은 다음과 같이 말씀합니다. "이로부터 그 땅 백성이 유다 백성의 손을 약하게 하여 그 건축을 방해하되 바사 왕 고레스의 시대부터 바사 왕 다리오가 즉위할 때까지 관리들에게 뇌물을 주어 그 계획을 막았으며 또 아하수에로가 즉위할 때에 그들이 글을 올려 유다와 예루살렘 주민을 고발하니라"

The people of the land relentlessly interfered so the temple reconstruction came to a halt. The temple sat in ruins unattended for 16 years. The Israelites gave up on rebuilding the temple and worked on building their own houses, settling with a comfortable life.

Haggai 1:4 says, *"Is it a time for you yourselves to be living in your paneled houses, while this house remains a ruin?"*

The prophet Haggai asked the Israelites, "Is it right for you to decorate your house and live there? Do you feel no guilt when you see the temple in such ruin?" Through the Prophet Haggai, God helped them realize that they didn't set their priorities straight.

We must restore the faith of putting God first. When we recieve blessings, our faith often changes from God-centered to self-centered. Instead of putting God and the church before ourselves, we prioritize our own plans and personal success. Consequently, we take a path completely different from the path that our Lord wants us to take.

그 땅 백성들의 끊임없는 방해로 결국 성전 재건은 중단되었고, 무려 16년 동안 성전은 방치되었습니다. 이스라엘 백성들은 아예 성전 건축을 포기하고 자신들의 집을 짓고 편안한 삶에 안주해 버렸습니다.

학개 1장 4절의 말씀입니다. "이 성전이 황폐하였거늘 너희가 이 때에 판벽한 집에 거주하는 것이 옳으냐"

학개 선지자는 "성전은 방치한 채 너희 자신들의 집만 아름답게 꾸며서 사는 것이 옳으냐? 성전이 이렇게 황폐해진 것을 보고도 아무런 죄책감도 느끼지 못하느냐?"라고 물었습니다. 하나님은 학개 선지자를 통해서 이스라엘 백성들의 신앙의 우선순위가 잘못되었음을 깨우쳐 주셨습니다.

우리는 하나님 제일주의 신앙을 회복해야 합니다. 우리가 복을 받게 되면 하나님 제일주의 신앙에서 자기중심의 신앙으로 변하는 경우가 많이 있습니다. 하나님보다, 교회보다, 자기 생각을 먼저 하고, 자기 계획을 먼저 세우고, 자기 성공을 먼저 챙깁니다. 그러면 결과적으로 주님이 원하시는 길과는 전혀 다른 길로 가게 되는 것입니다. 우리의 신앙생활이 이렇게 변

If our faith life changes this way, eventually, we will be rebuked by the Lord.

Revelation 2:5 warns, *"Consider how far you have fallen! Repent and do the things you did at first. If you do not repent, I will come to you and remove your lampstand from its place."*

Thankfully, when we repent and return to Him, our Lord accepts us again. In Luke's Gospel, there is a story of a father who forgives and embraces his son, who returned after squandering all of his father's wealth.

Luke 15:20-21 says, *"So he got up and went to his father. But while he was still a long way off, his father saw him and was filled with compassion for him; he ran to his son, threw his arms around him and kissed him. The son said to him, 'Father, I have sinned against heaven and against you. I am no longer worthy to be called your son.'"*

The younger son repented in tears, and the father forgave him. If we have sinned, we too must come before God the Father and repent. We must repent that our prayers,

하면 결국 주님께 책망받게 됩니다.

요한계시록 2장 5절은 다음과 같이 경고합니다. "그러므로 어디서 떨어졌는지를 생각하고 회개하여 처음 행위를 가지라 만일 그리하지 아니하고 회개하지 아니하면 내가 네게 가서 네 촛대를 그 자리에서 옮기리라"

그러나 감사한 것은 우리가 회개하고 돌아오기만 하면 주님이 우리를 다시 받아주신다는 사실입니다. 누가복음에는 아버지의 재산을 탕진하고 돌아온 아들을 용서하고 품어주시는 아버지의 이야기가 나옵니다.

누가복음 15장 20-21절입니다. "이에 일어나서 아버지께로 돌아가니라 아직도 거리가 먼데 아버지가 그를 보고 측은히 여겨 달려가 목을 안고 입을 맞추니 아들이 이르되 아버지 내가 하늘과 아버지께 죄를 지었사오니 지금부터는 아버지의 아들이라 일컬음을 감당하지 못하겠나이다 하나"

둘째 아들은 눈물로 회개했고 아버지는 그를 용서해 주었습니다. 우리도 죄를 지었다면 하나님 아버지 앞에 나와 회개해야

gratitude, and evangelism have fallen short while living in abundance. Above all, we must repent thoroughly, especially for failing to live according to the Word and renew our faith, placing God first in our lives.

We need to remember David's prayer of repentance in Psalm 51:1-3. *"Have mercy on me, O God, according to your unfailing love; according to your great compassion blot out my transgressions. Wash away all my iniquity and cleanse me from my sin. For I know my transgressions, and my sin is always before me."* When we repent like David, God will forgive and restore us.

God removed His blessings from the Israelites when they distanced themselves from God because of their self-centered faith, Haggai 1:6 says, *"You have planted much, but harvested little. You eat, but never have enough. You drink, but never have your fill. You put on clothes, but are not warm. You earn wages, only to put them in a purse with holes in it."*

If you put yourself before God and live a self-centered

합니다. 풍요 속에 살면서 우리의 기도와 감사와 전도가 부족했던 것을 회개해야 합니다. 특별히 말씀대로 살지 못했던 것을 철저히 회개하고 하나님 중심의 신앙을 회복해야 합니다.

우리는 시편 51편 1절에서 3절에 나오는 다윗의 회개를 기억해야 합니다. "하나님이여 주의 인자를 따라 내게 은혜를 베푸시며 주의 많은 긍휼을 따라 내 죄악을 지워 주소서 나의 죄악을 말갛게 씻으시며 나의 죄를 깨끗이 제하소서 무릇 나는 내 죄과를 아오니 내 죄가 항상 내 앞에 있나이다" 다윗처럼 회개할 때 하나님이 우리를 용서하시고 회복시켜 주실 것입니다.

이스라엘 백성들이 자기중심적인 신앙으로 하나님을 멀리했을 때 하나님은 복을 거두어 가셨습니다. 학개 1장 6절입니다. "너희가 많이 뿌릴지라도 수확이 적으며 먹을지라도 배부르지 못하며 마실지라도 흡족하지 못하며 입어도 따뜻하지 못하며 일꾼이 삯을 받아도 그것을 구멍 뚫어진 전대에 넣음이 되느니라"

하나님보다 자신이 앞서가고 자기중심적인 삶을 살아가면

life, regardless of your efforts, you'll gain nothing. It's like pouring water into a jar with a gaping hole. Therefore, we must first seek His kingdom and righteousness as Jesus said in Matthew 6:33. *"But seek first his kingdom and his righteousness, and all these things will be given to you as well."*

I urge you to recover your first love and live a life seeking first God's kingdom and His righteousness. I hope that through this we will all become God's precious servants who'll be used by Him.

3. Faith that builds the church

Lastly, I would like for us to think about the faith that builds the church.

Haggai 1:8 says, *"'Go up into the mountains and bring down timber and build my house, so that I may take pleasure in it and be honored,' says the LORD."*

God tells the Israelites to rebuild the temple. God's

밑 빠진 독에 물 붓기처럼 아무리 노력해도 얻는 것이 없습니다. 그러므로 먼저 하나님의 나라와 의를 구해야 합니다. 예수님은 마태복음 6장 33절에서 이렇게 말씀하셨습니다. "그런즉 너희는 먼저 그의 나라와 그의 의를 구하라 그리하면 이 모든 것을 너희에게 더하시리라"

첫사랑을 회복한 후 먼저 하나님의 나라와 의를 구하는 삶을 살기 바랍니다. 이를 통해 우리 모두가 하나님의 일을 위해 쓰임 받는 귀한 일꾼이 되기를 소망합니다.

3. 교회를 세우는 신앙

마지막으로 교회를 세우는 신앙에 대해 생각해 보기를 원합니다.

학개 1장 8절입니다. "너희는 산에 올라가서 나무를 가져다가 성전을 건축하라 그리하면 내가 그것으로 말미암아 기뻐하고 또 영광을 얻으리라 야훼가 말하였느니라"

하나님은 이스라엘 백성들에게 다시 성전을 세우라고 말씀

Word exhorts us today to rebuild the church by carefully examining to see if there are any areas of spiritual neglect or ruin.

No change will occur if we simply criticize and point fingers whenever problems arise in the church. We must take the lead by embracing the problem, reforming, and renewing the church. In order to build a church that is filled with love and grace, we must pray continually and devote ourselves.

During the Reformation, the power of the Catholic Church was enormous. No one could rebel against the Pope's power and authority. The outer appearance of the church was magnificent. However, the people were spiritually parched due to materialism and doctrinal teachings governed by the church. At that time, Martin Luther arose to reform issues of the church. He nailed the 95 Theses on the front door of the Wittenberg Cathedral, pointing out the errors of the Catholic Church. Following him, John Calvin led the reformation in Geneva, Switzerland. The reformers fought against the Catholic Church's false teachings, and declared, "sola fide, sola gratia,

하십니다. 하나님의 말씀처럼 오늘날 우리도 교회 안에 영적으로 방치되고 무너진 곳은 없는지 꼼꼼히 살피고 다시 세우는 일을 해야 합니다.

교회에 문제가 있을 때마다 비난하고 손가락질만 하면 아무런 변화가 없습니다. 우리가 앞장서서 문제를 끌어안고 교회를 개혁하고 새롭게 만들어야 합니다. 은혜와 사랑이 충만한 교회로 만들기 위해 끊임없이 기도하고 헌신해야 합니다.

종교개혁이 일어날 당시 가톨릭교회의 세력은 거대했습니다. 그 누구도 교황의 막강한 권력에 반기를 들지 못했고, 교회의 외형은 크고 웅장했습니다. 그러나 물질만능주의와 교권주의가 교회를 지배하고 있었기에 성도들은 영적으로 메말라 있었습니다. 그때 마틴 루터가 교회의 이 같은 모습을 개혁하기 위해 일어났습니다. 그는 비텐베르크 성당 앞에 95개조 반박문을 게시하여 가톨릭교회의 잘못된 점을 지적했습니다. 그의 뒤를 이어 장 칼뱅이 스위스 제네바에서 종교개혁 운동을 벌였습니다. 종교개혁가들은 가톨릭교회에 맞서 싸우며 '오직 믿음, 오직 은혜, 오직 성경'을 선포했습니다. 그 결과 교회뿐 아니라, 온 유럽이 새롭게 되는 역사가 나타났습니다.

and sola scriptura." As a result, not only the church but the whole of Europe was renewed through God's working.

We need to learn from the life and faith shown by the men and women of faith who have gone before us. We must live a life pleasing to God by renewing genuine faith and reforming the church. In this respect, we must recover the next four things.

We must first recover prayer in our lives. When we pray to the Lord earnestly, God's amazing work takes place. All of the Lord's work begins with prayer. Without praying, our faith falls apart. Our business can't do well without praying. We can't work properly at our workplace without it. We must begin the day with prayer and end the day with prayer. When we go before God with prayer, God will renew our lives by His grace.

Second, we must recover worship. God hates the empty formality of worship (Isa 29:13). So, our worship must be filled with passion. When we exalt Him wholeheartedly and truly desire His presence with fervor in our praise and prayer, God will bestow His grace upon us through that worship.

우리도 이런 믿음의 선배들의 신앙과 삶을 배워야 합니다. 바른 신앙을 회복하고 교회를 개혁함으로써 하나님이 기뻐하시는 삶을 살아야 합니다. 이를 위해서는 다음 네 가지를 회복해야 할 것입니다.

먼저 우리 삶 가운데 기도가 회복되어야 합니다. 간절히 기도할 때 주님의 놀라운 역사가 일어납니다. 주님의 일은 기도로부터 출발합니다. 기도하지 않으면 우리의 신앙이 무너집니다. 기도하지 않으면 사업이 잘될 수 없고, 직장에 가서도 바르게 일할 수 없습니다. 우리는 기도로 하루를 시작하고 기도로 하루를 마무리해야 합니다. 그렇게 기도로 주님 앞에 나아가면 하나님이 은혜를 베풀어 주셔서 우리의 삶을 새롭게 만들어 주실 것입니다.

둘째, 예배가 회복되어야 합니다. 하나님은 형식적인 예배를 싫어하십니다(사 29:13). 그렇기에 우리의 예배는 열정으로 가득 차야 합니다. 마음을 다해 주님을 높여드리고 간절히 주님의 임재를 바라며 뜨겁게 찬양하고 기도할 때, 그 예배를 통해 하

Third, we must recover our passion for evangelism. We need to return to the days when people who yearned for God's grace flocked to the church like rolling clouds. Many say that church growth in Korea has stopped, or that evangelism is no longer effective in Korea. However, my thoughts are different. More than 70% of the Korean population does not believe in Jesus. In other words, 40 million people are walking the path of destruction and are beckoning us to help them. We must reach out to them and share the gospel.

Fourth, we must recover serving with love. Many people around us are still poor, neglected, and sick. Especially after the COVID-19 pandemic, the economic situation has become so difficult that many are struggling daily to make ends meet. What they need in their suffering is love. The church must do this work. We need not only speak love with our lips but put love into action by following our Lord's example. We need to be the ones that reach out to

나님이 은혜를 베풀어 주실 것입니다.

 셋째, 전도의 열정이 회복되어야 합니다. 은혜를 사모하며 구름 떼처럼 사람들이 교회로 몰려왔던 그때의 모습으로 돌아가야 합니다. 한국교회의 성장이 멈췄다고 말하는 이들이 많습니다. 한국에서는 더 이상 전도가 되지 않는다고도 말합니다. 그러나 제 생각은 다릅니다. 아직 한국 인구의 70% 이상이 예수님을 믿지 않습니다. 이를 다시 해석하면 4천 만여 명이 여전히 멸망의 길을 가고 있고, 먼저 믿은 우리에게 도움을 요청하고 있는 것입니다. 우리가 그들에게 다가가 복음을 전해야 합니다.

 넷째, 사랑의 섬김을 회복해야 합니다. 우리 주변에는 여전히 가난하고 소외되고 병든 사람들이 많습니다. 특히 코로나 이후 경제적인 상황이 너무 어려워서 많은 사람이 하루하루 버티기가 너무 어렵다고 합니다. 고통받는 그들에게 필요한 것은 사랑입니다. 교회가 그 일을 해야 합니다. 입술로만 사랑을 말하지 말고, 주님을 본받아 사랑을 실천해야 합니다. 우리가 먼저 소외되고 어려운 이웃을 찾아가서 도움의 손길을 내밀고 그들을 사랑으로 섬겨야 합니다.

the marginalized and search for our neighbor who is facing difficulty, serving them with love.

When prayer is revitalized and worship becomes fervent, when passion for evangelism and serving with love is recovered, the Lord will renew our church and our lives. There is a poem in the Psalms that professes the sincere longing, melting the heart for the temple and for worship.

Psalm 84:1-4 says, *"How lovely is your dwelling place, LORD Almighty! My soul yearns, even faints, for the courts of the LORD; my heart and my flesh cry out for the living God. Even the sparrow has found a home, and the swallow a nest for herself, where she may have her young—a place near your altar, LORD Almighty, my King and my God. Blessed are those who dwell in your house; they are ever praising you."*

I hope that the poet's confession becomes our confession. May our church be a church that reveals the glory of God to the whole world, and may we all be used to build such a church. I bless you all in the name of our Lord.

기도가 살아나고 예배가 뜨거워지며, 전도의 열정과 사랑의 섬김이 회복될 때, 주님이 우리의 교회를, 우리의 삶을 새롭게 만들어 주실 것입니다. 시편에는 성전과 예배를 간절히 사모하는 마음을 녹여낸 시가 있습니다.

　시편 84편 1-4절입니다. "만군의 야훼여 주의 장막이 어찌 그리 사랑스러운지요 내 영혼이 야훼의 궁정을 사모하여 쇠약함이여 내 마음과 육체가 살아 계시는 하나님께 부르짖나이다 나의 왕, 나의 하나님, 만군의 야훼여 주의 제단에서 참새도 제 집을 얻고 제비도 새끼 둘 보금자리를 얻었나이다 주의 집에 사는 자들은 복이 있나니 그들이 항상 주를 찬송하리이다"

　시인의 이 같은 고백이 우리의 고백이 되기를 바랍니다. 우리의 교회가 하나님의 영광을 온 세상에 드러내는 교회가 되기를, 또한 그러한 교회를 세우는 일에 귀하게 쓰임 받는 우리 모두가 되기를 주님의 이름으로 축원합니다.

3

The Four Stages of Being Filled with the Holy Spirit

―――――― Ezekiel 47:1-5 ――――――

The man brought me back to the entrance to the temple, and I saw water coming out from under the threshold of the temple toward the east (for the temple faced east). The water was coming down from under the south side of the temple, south of the altar. He then brought me out through the north gate and led me around the outside to the outer gate facing east, and the water was trickling from the south side. As the man went eastward with a measuring line in his hand, he measured off a thousand cubits and then led me through water that was ankle-deep. He measured off another thousand cubits and led me through water that was knee-deep. He measured off another thousand and led me through water that was up to the waist. He measured off another thousand, but now it was a river that I could not cross, because the water had risen and was deep enough to swim in–a river that no one could cross.

Those who are saved by believing in Jesus must be filled with the Holy Spirit. Unless we are filled with the Holy Spirit, we cannot live a victorious life of faith on this earth. The Bible describes being filled with the Holy Spirit in

3
성령충만의 4단계

―――― 에스겔 47:1-5 ――――

그가 나를 데리고 성전 문에 이르시니 성전의 앞면이 동쪽을 향하였는데 그 문지방 밑에서 물이 나와 동쪽으로 흐르다가 성전 오른쪽 제단 남쪽으로 흘러 내리더라 그가 또 나를 데리고 북문으로 나가서 바깥 길로 꺾어 동쪽을 향한 바깥 문에 이르시기로 본즉 물이 그 오른쪽에서 스며 나오더라 그 사람이 손에 줄을 잡고 동쪽으로 나아가며 천 척을 측량한 후에 내게 그 물을 건너게 하시니 물이 발목에 오르더니 다시 천 척을 측량하고 내게 물을 건너게 하시니 물이 무릎에 오르고 다시 천 척을 측량하고 내게 물을 건너게 하시니 물이 허리에 오르고 다시 천 척을 측량하시니 물이 내가 건너지 못할 강이 된지라 그 물이 가득하여 헤엄칠 만한 물이요 사람이 능히 건너지 못할 강이더라

예수님을 믿고 구원받은 사람은 반드시 성령충만을 받아야 합니다. 성령충만을 받지 않으면 이 땅에서 승리하는 신앙생활을 할 수 없기 때문입니다. 성경은 성령충만의 모습을 여러 가지로 표현하고 있는데 그중 에스겔에 나오는 성전 환상을

various expressions. Among them, we'll look at the analogy found in the Book of Ezekiel where the vision of the temple is used.

Ezekiel 47:1-2 says, *"The man brought me back to the entrance to the temple, and I saw water coming out from under the threshold of the temple toward the east (for the temple faced east). The water was coming down from under the south side of the temple, south of the altar. He then brought me out through the north gate and led me around the outside to the outer gate facing east, and the water was trickling from the south side."*

The prophet Ezekiel saw in a vision, water coming out from under the threshold of the temple. The water here symbolizes the Holy Spirit, which Jesus spoke of in John 7:38-39, *"'Whoever believes in me, as Scripture has said, rivers of living water will flow from within them.' By this he meant the Spirit, whom those who believed in him were later to receive."*

The water that the Prophet Ezekiel saw in a vision flowed out of the temple toward the eastern side. Its depth was

비유로 살펴보겠습니다.

에스겔 47장 1-2절입니다. "그가 나를 데리고 성전 문에 이르시니 성전의 앞면이 동쪽을 향하였는데 그 문지방 밑에서 물이 나와 동쪽으로 흐르다가 성전 오른쪽 제단 남쪽으로 흘러 내리더라 그가 또 나를 데리고 북문으로 나가서 바깥 길로 꺾어 동쪽을 향한 바깥 문에 이르시기로 본즉 물이 그 오른쪽에서 스며 나오더라"

에스겔 선지자는 환상 가운데 성전에서 흘러나오는 물을 보았습니다. 이 물은 요한복음 7장 38-39절에서 예수님이 말씀하신 것처럼 성령님을 상징합니다. "나를 믿는 자는 성경에 이름과 같이 그 배에서 생수의 강이 흘러나오리라 하시니 이는 그를 믿는 자들이 받을 성령을 가리켜 말씀하신 것이라"

에스겔 선지자가 환상 중에 본 물은 성전에서부터 동쪽으로 흘러갔는데, 그 물의 깊이는 총 4단계로 묘사됩니다. 이는 성

divided into four stages. We can see it as the four stages of being filled with the Holy Spirit.

1. Ankle-deep stage

The first stage is being ankle-deep. When the man who guided Ezekiel in the vision measured the water from a distance of a thousand cubits, it was deep enough to submerge the ankles. Ezekiel 47:3 says, *"As the man went eastward with a measuring line in his hand, he measured off a thousand cubits and then led me through water that was ankle-deep."*

After confessing Jesus as the Lord and being filled with the Holy Spirit, the Holy Spirit takes hold of our ankles. The steps that once preferred the direction of the world are changed towards the church where we go to worship the Lord. We may have previously followed in steps towards the pleasures of the flesh, but now, we walk towards the place where the Lord delights. Once the Holy Spirit grabs a hold of the ankles of a person who has always lived intoxicated, the steps no longer head to the pub, but to the place that the Lord is pleased with. The person who headed

령충만의 4단계를 의미한다고 볼 수 있습니다.

1. 발목이 잠기는 단계

먼저 발목이 잠기는 단계입니다. 환상 속에서 에스겔을 인도한 사람이 천 척 떨어진 곳에서 물을 측정했을 때 물의 깊이는 발목이 잠길 정도였습니다. 에스겔 47장 3절입니다. "그 사람이 손에 줄을 잡고 동쪽으로 나아가며 천 척을 측량한 후에 내게 그 물을 건너게 하시니 물이 발목에 오르더니"

예수님을 구주로 영접하고 성령의 충만함을 받으면 먼저 발목이 성령님께 붙잡히게 됩니다. 우선적으로 세상을 향해 가던 발걸음이 주님을 예배하기 위해서 교회에 나오는 발걸음으로 바뀌게 됩니다. 그리고 육신의 쾌락을 따라 걸어가던 발걸음이 주님이 기뻐하시는 곳으로 걸어가는 발걸음으로 변화됩니다. 늘 술에 취해 살던 사람이 성령님께 발목이 붙잡히면 술집으로 향하던 발걸음을 돌려 주님이 기뻐하시는 곳으로 가게 되고, 도박장으로 가던 발걸음은 착하고 선한 일을 행하는 곳을 향하는 발걸음으로 바뀌게 됩니다. 성령님으로 인해 삶의

towards the gambling house now turns and heads to a place where he can do good works. The direction of life changes completely because of the Holy Spirit.

Those who believe in Jesus must be filled with the Holy Spirit and must have their ankles gripped by the Holy Spirit. Most of the problems that come our way are due to the fact that we are going where we shouldn't go and doing what we shouldn't do. Therefore, let us be filled with the Holy Spirit, may He grab hold of our ankles, walking and living in accordance to the guidance of the Holy Spirit.

The Holy Spirit especially leads our walk through the Word of God. We must meditate on His Word day and night and live a life accompanied by the Holy Spirit. Then we'll be able to set the right goals for our lives before God and the right paths toward those goals.

Psalm 1:1-2 says, *"Blessed is the one who does not walk in step with the wicked or stand in the way that sinners take or sit in the company of mockers, but whose delight is in the law of the LORD, and who meditates on his law day and night."*

방향이 완전히 달라지는 것입니다.

예수님을 믿는 사람은 이처럼 성령충만을 받아서 성령님께 발목이 붙잡혀야 합니다. 우리에게 다가오는 문제는 대부분 우리가 가지 않아야 할 곳을 가고, 하지 말아야 할 행동을 했기 때문에 발생합니다. 그래서 우리는 성령충만하여 성령님께 발목이 잡혀서 성령님이 이끄시는 대로 발걸음을 내딛는 삶을 살아야 합니다.

특별히 성령님은 말씀을 통해 우리의 발걸음을 인도하십니다. 우리는 주야로 말씀을 묵상하면서 성령님과 동행하는 삶을 살아야 합니다. 그리할 때 우리 삶의 목적지도 하나님 앞에 바로 세워지고 그 목적지를 향해 나아가는 길도 바른길이 될 것입니다.

시편 1편 1-2절의 말씀입니다. "복 있는 사람은 악인들의 꾀를 따르지 아니하며 죄인들의 길에 서지 아니하며 오만한 자들의 자리에 앉지 아니하고 오직 야훼의 율법을 즐거워하여 그의 율법을 주야로 묵상하는도다"

Always stay close to the Word of God. When we meditate on God's Word day and night and walk in the ways that delight Him, we'll be blessed all the days of our lives. I hope from this moment on, your steps will change into the direction that pleases the Lord.

2. Knee-deep stage

Next, we'll look at the stage where the water is submerged up to the knees. The man who led the prophet Ezekiel measured off another thousand cubits, and the water was knee-deep. Ezekiel 47:4a says, *"He measured off another thousand cubits and led me through water that was knee-deep."*

After the grace of the Holy Spirit has a hold of your ankles and your steps are now headed towards the church, the Holy Spirit then grabs a hold of your knees. To live according to God's will, we must first know about God's will. However, if we do not pray, we can't know what God's will is.

하나님의 말씀을 늘 가까이하십시오. 우리가 주야로 하나님의 말씀을 묵상하며 하나님이 기뻐하시는 길을 걸어갈 때 우리 일생이 주님 안에서 복 받은 일생으로 변화될 것입니다. 지금, 이 순간부터 여러분의 발걸음이 주님을 기쁘시게 하는 발걸음으로 변화되기를 바랍니다.

2. 무릎이 잠기는 단계

다음으로 물에 무릎이 잠기는 단계에 대해 살펴보겠습니다. 에스겔을 인도하는 사람이 다시 천 척을 측량하니 물에 무릎이 잠기게 되었습니다. 에스겔 47장 4절입니다. **"다시 천 척을 측량하고 내게 물을 건너게 하시니 물이 무릎에 오르고"**

성령님의 은혜로 발목이 붙잡혀 발걸음이 교회로 향하게 된 후에는 성령님께 무릎이 붙잡혀야 합니다. 우리가 하나님의 뜻대로 살기 위해서는 먼저 하나님의 뜻이 무엇인지 알아야 합니다. 그러나 우리가 기도하지 않으면 하나님의 뜻을 알 수 없습니다.

Always kneel before the Lord and pray. No matter how busy or tired you may be, set a time to pray. I hope you'll be a Christian who devotes oneself to prayer. No one can stand against a person who prays. Paul said in Colossians 4:2, *"Devote yourselves to prayer, being watchful and thankful."*

Jesus also lived a life of prayer. When He started His public ministry, He fasted and prayed for 40 days. He always knelt and prayed to God early in the morning. Some people complain that early morning prayer is too difficult, asking, "who on earth invented this to torment believers?", but in fact Jesus was the one who started it.

Mark 1:35 says, *"Very early in the morning, while it was still dark, Jesus got up, left the house and went off to a solitary place, where he prayed."*

After performing great miracles, Jesus often withdrew Himself to solitary places and prayed. It is written in the Gospels as follows: *"But Jesus often withdrew to lonely places*

늘 주님 앞에 무릎 꿇고 기도하십시오. 하루의 일과가 아무리 고되고 바쁘다고 해도 기도의 시간을 확보하고 기도에 힘쓰는 크리스천이 되기를 바랍니다. 기도하는 사람을 당해낼 수 없습니다. 그래서 사도 바울은 골로새서 4장 2절에서 이렇게 권면합니다. "기도를 계속하고 기도에 감사함으로 깨어 있으라"

예수님 역시 기도의 일생을 사셨습니다. 예수님이 공생애를 시작하실 때 40일을 금식하며 기도하셨습니다. 예수님은 언제나 이른 새벽에 하나님 앞에 나와 무릎 꿇고 기도하셨습니다. 새벽기도가 힘들다며 불평하는 사람들은 도대체 누가 새벽기도를 만들어서 성도를 괴롭게 하냐고 묻지만, 새벽기도는 사실상 예수님이 먼저 시작하신 것입니다.

마가복음 1장 35절입니다. "새벽 아직도 밝기 전에 예수께서 일어나 나가 한적한 곳으로 가사 거기서 기도하시더니"

또한 예수님은 큰 기적을 베푸신 후에 한적한 곳에 가서 홀로 기도하셨습니다. 복음서 곳곳에는 다음과 같이 기록되어 있습니다. "예수는 물러가사 한적한 곳에서 기도하시니라"(눅

and prayed"(Luke 5:16); *"After he had dismissed them, he went up on a mountainside by himself to pray. Later that night, he was there alone"*(Matt 14:23).

Jesus came to God in prayer before He made important decisions. The Bible speaks of Jesus spending the whole night praying especially before calling the disciples and choosing the twelve.

Luke 6:12-13 says, *"One of those days Jesus went out to a mountainside to pray, and spent the night praying to God. When morning came, he called his disciples to him and chose twelve of them, whom he also designated apostles."*

Jesus also prayed as He prepared to carry out His final mission of the cross. He showed us how to pray even as He hung on the cross on our behalf. We must follow Jesus' example and devote ourselves to pray. No problem will be resolved unless we pray. No miracle will occur unless we pray. Our problems will be resolved, and miracles will occur only when we sincerely pray before the Lord.

5:16), "무리를 보내신 후에 기도하러 따로 산에 올라가시니라 저물매 거기 혼자 계시더니"(마 14:23).

예수님은 중요한 일을 결정하기 전에도 하나님 앞에 나와 기도하셨습니다. 특히 제자들을 부르고 그중에서 열두 제자를 택할 때 밤새워 기도하셨다고 성경은 말씀합니다.

누가복음 6장 12-13절입니다. "이 때에 예수께서 기도하시러 산으로 가사 밤이 새도록 하나님께 기도하시고 밝으매 그 제자들을 부르사 그 중에서 열둘을 택하여 사도라 칭하셨으니"

그리고 예수님이 마지막으로 십자가 사역을 감당하실 때, 우리를 위해 십자가에 달리신 그 순간까지도 기도하시는 모습을 보여주셨습니다. 우리도 예수님을 본받아 늘 기도하기를 힘써야 합니다. 기도하지 않으면 어떤 문제도 해결되지 않습니다. 기도 없이는 어떤 기적도 일어나지 않습니다. 오직 주님 앞에 간절히 기도할 때 문제가 해결되고 기적이 일어납니다.

Matthew 7:7 says, *"Ask and it will be given to you; seek and you will find; knock and the door will be opened to you."*

When we ask, seek, and knock, the door to His answer opens. Come before God and earnestly cry out to Him. Jeremiah 33:3 says, *"Call to me and I will answer you and tell you great and unsearchable things you do not know."*

The church should be filled with people who pray. When many people pray, the church will experience growth and revival. The church will be filled not with problems, but with the grace of the Lord.

Isaiah 56:7 says, *"these I will bring to my holy mountain and give them joy in my house of prayer. Their burnt offerings and sacrifices will be accepted on my altar; for my house will be called a house of prayer for all nations."*

The church is the "house of prayer for all nations." Prayer is what makes the church truly the church. Today, the crisis

마태복음 7장 7절입니다. "구하라 그리하면 너희에게 주실 것이요 찾으라 그리하면 찾아낼 것이요 문을 두드리라 그리하면 너희에게 열릴 것이니"

우리가 구하고 찾고 두드리면 응답의 문이 열립니다. 하나님 앞에 나와 간절히 부르짖으십시오. 예레미야 33장 3절입니다. "너는 내게 부르짖으라 내가 네게 응답하겠고 네가 알지 못하는 크고 은밀한 일을 네게 보이리라"

특별히 교회는 기도하는 사람으로 가득해야 합니다. 기도하는 사람이 많을 때 교회는 부흥하고 성장하게 됩니다. 그리고 교회 내에 문제가 아닌 주님의 은혜로 가득하게 됩니다.

이사야 56장 7절입니다. "내가 곧 그들을 나의 성산으로 인도하여 기도하는 내 집에서 그들을 기쁘게 할 것이며 그들의 번제와 희생을 나의 제단에서 기꺼이 받게 되리니 이는 내 집은 만민이 기도하는 집이라 일컬음이 될 것임이라"

교회는 "만민이 기도하는 집"입니다. 기도는 교회를 교회답게 합니다. 오늘날 한국교회의 위기가 바로 여기에 있습니다.

of the Korean church lies here. Since we don't pray about the things we know we should pray about, endless conflicts, divisions, and problems arise. All the disputes and problems in the church are caused by those who don't pray. When we pray, all the problems will go away. However, when we don't pray, problems will continue to arise. Therefore, we must put prayer as our priority and kneel before the Lord and pray. Christians must overcome every problem through prayer to become victorious.

During the 1960s and 70s, Korea went through a severe economic hardship. Life was so tough that many people came to church and prayed fervently, clinging to God. There was a curfew back then, so we held all-night prayer services every Friday. We would gather at 10 p.m. on Friday and cried out to the Lord until 4 a.m. on the next morning.

Since we now live comfortably in abundance these days, we may have forgotten the hard times of the past. Many church members don't pray as they once did before. Prayer has decreased to the point that we only pray before meals three times a day. We sometimes forget those prayers and don't pray at all during the weekdays. This is the reason

기도해야 할 것을 알면서도 기도하지 않기에 끊임없이 갈등하고 분열하고 문제가 발생하는 것입니다. 실제로 교회의 모든 문제는 기도하지 않는 사람을 통해 일어납니다. 우리가 기도하면 모든 문제는 사라집니다. 그러나 기도하지 않으면 문제는 계속해서 일어납니다. 그러므로 우리가 우선적으로 해야 할 일은 주님 앞에 무릎 꿇고 기도하는 것입니다. 크리스천은 기도를 통해 모든 문제를 이겨내고 승리해야 합니다.

우리나라가 1960-70년대에는 경제적으로 매우 힘든 시기였습니다. 얼마나 어려웠던지 많은 사람이 교회에 나와 간절히 기도하며 하나님께 매달렸습니다. 그때는 야간통행 금지가 있어서 금요일마다 철야기도를 했습니다. 밤 10시에 모여서 새벽 4시까지 부르짖어 기도했습니다.

그런데 오늘날 삶이 풍요로워져서 과거 어려웠던 시절을 잊어버린 것 같습니다. 많은 성도가 이전처럼 기도하지 않습니다. 얼마나 기도하지 않는지 하루 세 끼 식사할 때만 기도하기도 합니다. 그마저도 잊어버리면 평일에는 아예 기도하지 않는 것입니다. 기도하지 않으니 삶 속에서 아무런 문제도 해결

why we have so many problems in our lives that we can't resolve. Having become spiritually powerless, we are now bound by these problems confined to torment and agony.

Kneeling during prayer means laying down our own will and desire and submitting to the will of the Lord. When we kneel to pray, the Lord touches our hearts and teaches us His will. He helps us to seek in accordance to His will and brings it to fruition. Therefore, I hope all of us always pray on our knees before the Lord.

In 1972, my grandfather went to be with the Lord. We watched the mortician prepare his body for the casket by washing his whole body with alcohol. I noticed that my grandfather's knees were bulging because they were callused. When my grandfather served as an elder of Pyongyang Seomunbak Church, the sanctuaries back then didn't have pews or chairs, they were wooden floors. My grandfather went to church every day for the early morning prayer service and knelt on the wooden floor so often that he developed calluses on his knees. When I saw his knees, rough like a camel's, I made up my mind, "My grandfather prayed like that his whole life. I too must become a man of

할 수 없습니다. 영적으로 무기력해져서 문제 속에 갇힌 채 괴롭고 고통스러운 삶을 사는 것입니다.

기도할 때 무릎을 꿇는 것은 내 뜻과 바람을 모두 내려놓고 주님의 뜻에 합당한 기도를 해야 함을 의미합니다. 우리가 기도의 무릎을 꿇을 때 주님이 우리 마음 가운데 찾아오셔서 주님의 뜻을 가르쳐 주시고, 그 뜻에 따라 간구하게 하시며 종국에는 그 뜻을 이루어 주십니다. 그러므로 늘 주님 앞에 무릎 꿇어 기도하는 우리가 되기를 바랍니다.

1972년에 제 할아버지가 주님 곁으로 떠나셨습니다. 그때 할아버지의 시신을 입관하기 전에 장의사가 알코올로 온몸을 닦아내는 모습을 보게 되었는데, 할아버지의 무릎을 보니 굳은살이 박여서 무릎이 불룩하게 튀어나와 있었습니다. 할아버지가 평양에 있는 서문밖교회의 장로로 섬기실 때 예배실에는 지금과 같은 의자가 있는 것이 아니라 마룻바닥만 깔려 있었습니다. 할아버지는 매일 새벽마다 그 마룻바닥에 무릎을 꿇고 기도하셔서 무릎에 굳은살이 생기셨던 것입니다. 저는 낙타처럼 불룩하게 나온 할아버지의 무릎을 보며 '할아버지께서 저렇게 평생 기도하셨구나. 나도 기도의 사람이 되어야 하겠

prayer."

My grandfather was a man of prayer. He went to church every morning to pray, and every evening he worshiped with the family, building an altar of prayer. We too must pray without ceasing. When we pray, God hears and answers our prayers. Life is short and as we journey through this path, I hope we can all kneel before God, listen to His voice, and experience the miracles of our Lord.

3. Waist-deep stage

After the Holy Spirit takes hold of us from the ankle to the knee, the third step is for Him to take hold of our waist. The Bible describes this stage where the water was waist-deep as following: Ezekiel 47:4b says, *"He measured off another thousand and led me through water that was up to the waist."*

After the Holy Spirit grabs a hold of our knees, we become a person of prayer. In order to be used invaluably and mightily by God, we must have our waists held by the Holy Spirit. To be held at the waist by the Holy Spirit

다.'라고 결심했던 기억이 납니다.

할아버지는 기도의 사람이셨습니다. 매일 새벽, 교회에서 기도하고 저녁에는 가정예배를 드리면서 기도의 제단을 쌓으셨습니다. 우리도 기도를 쉬지 말아야 합니다. 우리가 기도할 때 하나님이 우리의 기도를 들으시고 응답하십니다. 짧은 인생길을 걸어가는 동안 여러분 모두가 기도의 무릎을 꿇고 하나님의 음성을 들으며 주님의 기적을 체험하시길 바랍니다.

3. 허리가 잠기는 단계

성령님께 발목과 무릎이 붙잡힌 다음, 세 번째 단계로 허리가 붙잡혀야 합니다. 물에 허리가 잠기는 단계에 대해 에스겔 47장 4절은 다음과 같이 말씀합니다. **"다시 천 척을 측량하고 내게 물을 건너게 하시니 물이 허리에 오르고"**

성령님께 무릎이 붙잡혀 기도의 사람이 된 다음, 우리가 하나님께 귀하게, 위대하게 쓰임 받기 위해서는 성령님께 허리가 붙잡혀야 합니다. 성령님께 허리가 붙잡힌다는 것은 겸손한 사람이 되는 것을 의미합니다. 무릎이 붙잡혀 기도의 사람

means that we are becoming humble. Even if we become a person of prayer with our knees held by the Holy Spirit, if our personality is not refined and our character is not developed, we will constantly cause problems. Some people, even after praying, fail to control their emotions and end up losing their temper or getting into quarrels. These types of actions make the prayer futile. Jesus says the following in Matthew 11:29, *"Take my yoke upon you and learn from me, for I am gentle and humble in heart, and you will find rest for your souls."*

We will find rest for our souls when we're clothed in gentleness and humility. The reason we become angry, jealous, envious, quarrelsome, and conflicted is because we are not gentle and humble. As we become gentle and humble, amazing things will take place in us and through us, transforming our homes, neighbors, and even the world.

There are times when the ones who boast of praying the most end up causing the problems at church. There were people like that even in Jesus' time. Religious leaders such as the Pharisees, the Scribes, and the teachers of the Law

이 된다고 할지라도 인격적으로 모가 나고 성품이 다듬어지지 않으면 끊임없이 문제를 일으키게 됩니다. 어떤 사람은 기도한 후에도 감정을 다스리지 못해 혈기를 부리거나 큰소리치며 다투기도 합니다. 이 같은 행동은 기도한 것을 다 헛된 일로 만들어 버리는 것입니다. 예수님은 마태복음 11장 29절에서 다음과 같이 말씀하셨습니다. "나는 마음이 온유하고 겸손하니 나의 멍에를 메고 내게 배우라 그리하면 너희 마음이 쉼을 얻으리니"

온유와 겸손의 옷을 입으면 마음에 평안이 임하게 됩니다. 우리가 분노하고 시기, 질투하며 다투고 갈등을 빚는 이유는 우리의 마음이 온유하지 않고 겸손하지 않기 때문입니다. 우리가 온유하고 겸손하게 변화되면 우리를 통해 우리의 가정과 이웃, 더 나아가 세상이 변화되는 놀라운 역사가 나타나게 될 것입니다.

그런데 소위 기도를 많이 한다고 으스대던 사람들이 오히려 교회에서 문제를 일으키는 것을 볼 때가 종종 있습니다. 이런 사람들은 예수님 당시에도 있었습니다. 바리새인, 서기관, 율법 교사와 같은 종교 지도자들은 율법을 철저히 지킨다고 자

boasted that they kept the Law in every way. "We fast twice a week and give our tithes without error. We obey and keep all the commandments." However, they were filled with pride, arrogance, and self-righteousness. Whenever someone made a mistake, they were quick to criticize and condemn him or her.

It was the religious leaders who led the way to crucify Jesus. It wasn't the general public that crucified Jesus but rather, it was the Pharisees, the Scribes, and the priests who said they knew the Law best and boasted of living by the will of God. They were the ones who crucified Jesus on the cross.

Nevertheless, God accomplishes His will through a humble person. Proverbs 16:18 says, *"Pride goes before destruction, a haughty spirit before a fall."* Proverbs 15:33 says, *"Wisdom's instruction is to fear the LORD, and humility comes before honor."*

Jesus did not come to be served but to serve. Mark 10:45 says, *"For even the Son of Man did not come to be served, but to serve, and to give his life as a ransom for many."*

랑했습니다. "우리는 일주일에 이틀씩 금식하고, 십일조를 철저히 드립니다. 그리고 율법을 다 지켜 행합니다." 그러나 그들의 마음에는 교만이 가득 차 있고 스스로 의로워서 다른 사람이 실수할 때마다 그를 비판하고 정죄했습니다.

결국 예수님을 십자가에 못 박는 일에 앞장선 사람들도 바로 종교 지도자들이었습니다. 일반 군중들이 아니라 율법을 가장 잘 알고 하나님의 뜻대로 산다고 말하던 바리새인, 서기관, 제사장들이 예수님을 십자가에 못 박아 죽인 것입니다.

그러나 하나님은 겸손한 자를 통해 하나님의 뜻을 이루십니다. 잠언 16장 18절과 15장 33절입니다. "교만은 패망의 선봉이요 거만한 마음은 넘어짐의 앞잡이니라", "야훼를 경외하는 것은 지혜의 훈계라 겸손은 존귀의 길잡이니라"

예수님 역시 자신이 이 땅에 온 것은 섬김을 받으려 함이 아니라 도리어 섬기기 위해 왔다고 말씀하셨습니다. 마가복음 10장 45절입니다. "인자가 온 것은 섬김을 받으려 함이 아니

Humility was the final lesson that Jesus taught His disciples before He was crucified. During those days, when a master returned home from work, his servants would prepare water in a basin and wash their master's feet. At the Last Supper, Jesus wrapped a towel around his waist, as a servant, poured water into a basin and washed His disciples' feet. And Jesus said, *"Now that I, your Lord and Teacher, have washed your feet, you also should wash one another's feet"*(John 13:14). May we all grow in Christlike character, emulating Jesus' gentleness and humility.

I'd like to share a testimony about Pastor Kichul Joo and Elder Mansik Cho, which will go on being remembered in the history of the Korean church. When Pastor Joo was the senior pastor of the Sanjunghyun Church in Pyongyang, Elder Cho was serving in that very church. Elder Cho was one of the leaders in the Korean independence movement. He was also a respected educator and politician. Many people came to visit him daily, wanting to discuss the future of the nation.

라 도리어 섬기려 하고 자기 목숨을 많은 사람의 대속물로 주려 함이니라"

예수님이 십자가에 달리기 전에 제자들에게 마지막으로 가르쳐 주신 것도 바로 겸손이었습니다. 당시 주인이 일을 마치고 집에 들어오면 하인이 대야에 물을 받아 주인의 발을 씻겨 주었습니다. 예수님은 하인이 하듯이 제자들과의 마지막 만찬 자리에서 허리에 수건을 두르고 제자들의 발을 씻기셨습니다. 그리고 다음과 같이 당부하셨습니다. **"내가 주와 또는 선생이 되어 너희 발을 씻었으니 너희도 서로 발을 씻어 주는 것이 옳으니라"**(요 13:14). 우리 모두 예수님을 닮아 온유와 겸손을 겸비한 인격자가 되기를 바랍니다.

한국 교회사에 길이 남을 주기철 목사님과 조만식 장로님의 간증을 소개합니다. 주기철 목사님이 평양 산정현교회를 담임할 때 그 교회에 조만식 장로님이 있었습니다. 조만식 장로님은 독립운동가였으며, 교육가이자 정치인으로서도 존경받는 분이셨습니다. 많은 사람이 매일 같이 조만식 장로님을 찾아와 민족이 나아갈 길에 대해 의논할 정도였습니다.

Then, one Sunday, a visitor came looking for Elder Cho. He talked with the visitor for a long time and was late for the worship service. When he rushed to the church and opened the back door, Pastor Joo was already standing behind the pulpit. As soon as he saw Elder Cho enter through the back, he said, "Elder Cho, since the worship service already started, remain standing in the back and worship there."

The whole congregation was stunned to hear it. Elder Cho was much older than Pastor Joo. Elder Cho was the principal of Osan School, when Pastor Joo was a student. It was Elder Cho who visited Pastor Joo in Masan and selected him to be the new senior pastor of Sanjunghyun Church. The congregation already knowing the relationship between Pastor Joo and Elder Cho was on the edge of their seats, not knowing how they would react to this difficult situation. However, Elder Cho stood silently in the back and worshiped.

After the sermon, near the end of the worship service, Pastor Joo asked Elder Cho to lead a congregational prayer.

그런데 어느 주일날, 조만식 장로님에게 손님이 찾아왔습니다. 그 손님과 이야기하다 보니 이야기가 길어져서 예배 시간에 늦고 말았습니다. 조만식 장로님이 급하게 뛰어와서 교회에 도착했을 때는 이미 주기철 목사님이 강대상에 올라와 있었습니다. 목사님이 문을 열고 들어오는 장로님을 보고 "조 장로님, 지금 예배 중이니 거기 뒤에 서서 예배드리세요."라고 말했습니다.

이 이야기를 들은 성도들은 깜짝 놀랐습니다. 조만식 장로님은 주기철 목사님보다 훨씬 나이가 많을뿐더러 목사님이 오산학교에 학생으로 다녔을 때 장로님은 교장 선생님이었기 때문입니다. 또 주기철 목사님이 마산에 있을 때 산정현교회로 목사님을 청빙하기 위해 찾아간 사람도 조만식 장로님이었습니다. 이 같은 관계를 다 알고 있던 성도들은 주기철 목사님이 조만식 장로님에게 서서 예배를 드리라고 말하자 어떻게 반응해야 할지 몰라 난감해했습니다. 그러나 조만식 장로님은 묵묵히 뒤에 서서 예배를 드렸습니다.

주기철 목사님은 설교를 마치고 예배가 끝날 때쯤 장로님께 대표 기도할 것을 요청했습니다. 그때 조만식 장로님은 다음

At that time, Elder Cho prayed for repentance: "Firstly, as an elder of the church, I came late for worship service, so I repent. Secondly, I ask for forgiveness in being a bad example to our church members. Thirdly, forgive me for my sin of discomforting the feelings of the Lord's servant."

Although Pastor Joo was once his student, Elder Cho always humbly served Pastor Joo as his pastor and even carried his bag when they visited the church members.

After that, Pastor Joo was imprisoned for refusing to bow before the Shinto Shrine and was later martyred in prison. Elder Cho was imprisoned and executed by a firing squad on October 18, 1950 in Pyongyang, when the Communists retreated to North Korea due to the UN forces' participation in the Korean War. Elder Cho left behind a model of humility for many people to follow.

When we emulate Jesus' character, our lives will be blessed in the Lord and filled with God's grace.

과 같이 회개 기도를 했습니다. "첫째, 장로로서 예배에 지각한 것 회개합니다. 둘째, 교인들께 장로로서 나쁜 모범을 보인 죄를 용서하십시오. 셋째, 주의 종의 심기를 불편하게 보필한 죄를 용서하십시오."

조만식 장로님은 주기철 목사님이 한때 자기 제자였지만, 그를 늘 목사님으로 잘 섬겼고 평소에도 목사님의 심방 가방을 들고 다닐 정도로 겸손했다고 합니다.

이후 주기철 목사님은 신사참배를 반대하다 감옥에 갇혔고 옥중에서 순교했습니다. 조만식 장로님은 6.25 전쟁 중 UN군의 참전으로 공산당이 북한으로 퇴각할 때, 1950년 10월 18일 평양 감옥에서 총살당했습니다. 조만식 장로님이 남긴 겸손의 모습은 많은 사람에게 큰 귀감이 되었습니다.

우리도 예수님을 닮은 인격자가 된다면, 우리의 삶이 주님 안에서 복 받은 인생, 은혜가 충만한 인생으로 바뀌게 될 것입니다.

4. The stage where the whole body is submerged

Finally, the fourth stage is where the whole body is submerged. When he measured another thousand cubits from the point where the water was up to the waist, the water rose and became a large river, submerging the whole body.

Ezekiel 47:5 says, *"He measured off another thousand, but now it was a river that I could not cross, because the water had risen and was deep enough to swim in—a river that no one could cross."*

Being completely submerged in water means being completely possessed by the Holy Spirit. It means living a life filled with the Holy Spirit, forsaking our self-will and stubbornness, and completely living by the Lord's will.

This is well described in Galatians 2:20, *"I have been crucified with Christ and I no longer live, but Christ lives in me. The life I now live in the body, I live by faith in the Son of God, who loved me and gave himself for me."*

4. 온몸이 잠기는 단계

마지막 네 번째 단계는 온몸이 잠기는 단계입니다. 물이 허리까지 잠긴 상태에서 다시 천 척을 측량하니 물이 차올라서 온몸까지 잠기는 큰 강을 이루었습니다.

에스겔 47장 5절입니다. "다시 천 척을 측량하시니 물이 내가 건너지 못할 강이 된지라 그 물이 가득하여 헤엄칠 만한 물이요 사람이 능히 건너지 못할 강이더라"

온몸이 물에 잠긴다는 것은 성령님께 완전히 사로잡히는 상태를 의미합니다. 다시 말해, 성령으로 충만하여 내 뜻과 내 고집을 버리고 전적으로 주님의 뜻대로 살아가는 단계를 말합니다.

이러한 모습을 갈라디아서 2장 20절이 잘 설명하고 있습니다. "내가 그리스도와 함께 십자가에 못 박혔나니 그런즉 이제는 내가 사는 것이 아니요 오직 내 안에 그리스도께서 사시는 것이라 이제 내가 육체 가운데 사는 것은 나를 사랑하사 나를 위하여 자기 자신을 버리신 하나님의 아들을 믿는

This is what it means to be filled with the Holy Spirit. Being filled with the Holy Spirit is that we no longer live for ourselves, instead Jesus lives within us, reigns over us, and fulfills the Lord's will.

There is no other way but to be filled with the Holy Spirit. When we are filled with the Holy Spirit, great and wonderful things will happen. The Lord will give us holy dreams, help us to achieve them, and open the path to His blessings. Psalm 37:4-5 says, *"Take delight in the LORD, and he will give you the desires of your heart. Commit your way to the LORD; trust in him and he will do this."*

When we are filled with the Holy Spirit, like a main road stretching to Zion, the Lord will open a marvelous path of blessings for us. God will fill our lives abundantly with His grace and blessings.

John Wesley led a great revival movement and founded the Methodist church in England. In 1703, he was born

믿음 안에서 사는 것이라"

이것이 바로 성령충만입니다. 나 자신이 죽고, 내 구주 되신 예수님이 내 안에 오셔서 나를 다스리고 주님의 뜻을 이루시는 것이 바로 성령충만입니다.

성령으로 충만함을 받는 것 외에 다른 방법이 없습니다. 성령으로 충만하면 놀라운 일이 일어납니다. 주님이 우리의 마음에 거룩한 소원을 주시고, 그 소원을 이루시며, 우리 앞에 축복의 길을 열어주십니다. 시편 37편 4-5절입니다. "또 야훼를 기뻐하라 그가 네 마음의 소원을 네게 이루어 주시리로다 네 길을 야훼께 맡기라 그를 의지하면 그가 이루시고"

성령충만을 받을 때 주님이 시온의 대로가 펼쳐진 것 같은 놀라운 축복의 길을 열어주시고, 우리의 삶 속에 하나님의 은혜와 축복이 넘쳐나게 만들어 주실 것입니다.

존 웨슬리는 영국에 큰 부흥운동을 일으키고 감리교를 창시한 분입니다. 1703년, 그는 영국 성공회의 성직자 가정에서 19

as the 15th of 19 children in the home of an Anglican clergyman. He graduated from the prestigious Oxford University in England and became an Anglican priest.

In 1735, Wesley was sent to Georgia in U.S. as a missionary. During the voyage, the ship encountered a violent storm and was in danger of capsizing. Wesley thought he was going to die but then he heard the sound of a hymn. He wondered, "who has the faith to sing a hymn in this storm?" He followed the sound and saw the Moravians holding hands, singing hymns, and praying together. He was deeply moved and received a big challenge in his faith.

Although Wesley had left for mission work in Georgia with high expectations, his mission work sadly wasn't successful. Upon returning to England, he went to the Moravians he had seen on the ship during the storm three years earlier. On May 24, 1738, Wesley attended a Moravian worship service on Aldersgate Street in London and heard Martin Luther's preface to the Epistle to the Romans. The time was 8:45 p.m. At that moment, Wesley felt his heart blazing hot as he received the fire of the

남매 중 15번째로 태어났습니다. 그리고 영국의 명문 대학교인 옥스퍼드 대학교를 졸업하고 주의 종의 길을 걸어갔습니다.

1735년, 웨슬리는 미국 조지아주에 선교사로 파송되어 갔지만, 항해 중에 큰 폭풍을 만나 배가 뒤집힐 위기에 처했습니다. 그가 스스로 죽게 되었다고 생각했을 때 어디선가 찬송 소리가 들려왔습니다. '이 폭풍우 속에서 찬송을 부를 수 있는 믿음을 가진 사람은 누구인가?'라고 생각하며 찬송 소리를 따라갔는데, 그곳에서 모라비안 교도들이 손을 붙잡고 찬송하며 기도하는 모습을 보게 되었습니다. 이 모습을 본 웨슬리는 믿음에 큰 도전을 받았습니다.

그러나 부푼 기대를 안고 조지아로 떠난 웨슬리는 안타깝게도 선교사역에 실패했습니다. 영국으로 돌아온 그는 귀국하자마자 3년 전 폭풍우 속 배에서 만났던 모라비안 교도들을 찾아갔습니다. 1738년 5월 24일, 그는 런던 올더스케이트 거리에 있는 모라비안 교도 예배에 참석했고, 그곳에서 마틴 루터의 로마서 주석 강해의 서문을 들었습니다. 그때 시각이 저녁 8시 45분이었습니다. 그 순간 웨슬리는 가슴이 뜨거워지며 성령의 불을 받았습니다. 그의 삶이 송두리째 바뀌는 순간이었습니다.

Holy Spirit. It was the moment when his life completely changed. Wesley testified of that experience as follows:

"I felt my heart strangely warmed. I felt I did trust in Christ, Christ alone for salvation, and an assurance was given me that He had taken away my sins, even mine, and saved me from the law of sin and death."

After being filled with the Holy Spirit, Wesley was completely transformed and became an evangelist. Wherever he went to preach the gospel, countless people repented and returned to the Lord. The down-and-out became gentle Christians, drunkards gave up alcohol, the sicks were healed, and demons were cast out. Wherever he went, great revivals took place.

Wesley shouted, "The world is my parish." From the moment he was filled with the Holy Spirit at Aldersgate until he went to be with the Lord at the age of 88, Wesley traveled all throughout England, Wales, Scotland, and Ireland, generally on horseback, for 52 years.

웨슬리는 이때의 체험에 대해 다음과 같이 고백했습니다.

"나는 내 마음이 이상하게 뜨거워지는 것을 느꼈다. 나는 이제 나 자신이 그리스도를, 오직 그리스도만을 믿음으로 구원받았다는 것을 느꼈다. 그리고 주께서 나의 모든 죄를 영원히 제거하셨고, 나를 죄와 사망의 법에서 구원하셨다는 확신을 얻었다."

웨슬리는 성령충만을 받은 후에 완전히 변화되어 부흥사가 되었습니다. 그가 온 일대를 다니며 복음을 전하자 수많은 사람이 회개하고 주님께 돌아왔습니다. 부랑자는 온순한 크리스천이 되었고, 술주정뱅이는 금주를 결단했습니다. 또한 병든 사람은 병 고침을 받았고, 귀신이 떠나갔습니다. 이처럼 그가 가는 곳마다 큰 부흥이 일어났습니다.

웨슬리는 "온 세계가 나의 교구다."라고 외치면서, 올더스게이트에서 성령의 충만을 받은 후 88세로 그의 삶을 마칠 때까지 52년 동안 잉글랜드, 웨일스, 스코틀랜드, 아일랜드 전역을 말 타고 두루 다니며 복음을 전했습니다.

Wesley on average traveled about 8,000 miles (ca. 12,800 kilometers) on horseback and preached about 1,000 sermons a year, averaging three daily sermons. Wesley's revival movement brought stability to the English society, which had been unstable and chaotic due to the Industrial Revolution in the 18th century. Many came to the Lord, and there was a great revival in the church in England. As a result, the Methodist Church was established and gave rise to the Holiness movement. With the influence of the Holiness movement rose the Pentecostal movement, which spread the Holy Spirit movement all throughout the world.

When we are filled with the Holy Spirit, amazing things will happen. I want all of you to be filled with the Holy Spirit so that you may be used invaluably and mightily by God. I hope you become people of the Holy Spirit so that your steps will be ways that delight the Lord. May the Lord answer your prayers each time as you kneel before Him, and may His grace be with you throughout your days. I bless you all in the name of our Lord Jesus.

웨슬리는 1년에 평균 8,000마일, 약 12,800km를 말을 타고 다니면서 매년 1,000여 번의 설교를 했습니다. 평균적으로 매일 세 번씩 설교한 셈입니다. 그가 일으킨 부흥운동으로 인해 18세기 산업혁명으로 무질서하고 혼란했던 영국 사회가 안정되었습니다. 그를 통해 수많은 사람이 예수님을 믿고 주님 앞에 돌아왔으며, 교회가 크게 부흥하는 역사가 일어났습니다. 그 결과 감리교가 탄생하게 되었고, 감리교의 영향으로 성결운동이 일어났으며, 또한 성결운동의 영향으로 오순절운동이 일어나서 전 세계로 성령운동이 확산한 것입니다.

성령충만을 받으면 이처럼 놀라운 역사가 일어납니다. 여러분 모두가 성령충만을 받아서 하나님께 아름답고 귀하게 쓰임 받기를 바랍니다. 성령의 사람이 되어서 여러분의 발걸음이 주님을 기쁘시게 하는 발걸음이 되기를 바랍니다. 여러분이 무릎을 꿇고 기도할 때마다 응답받고 주님의 은혜가 여러분의 삶 가운데 임하기를 주님의 이름으로 축원합니다.

4

The Church That God Is Pleased with

---Ephesians 1:22-23---

And God placed all things under his feet and appointed him to be head over everything for the church, which is his body, the fullness of him who fills everything in every way.

The church is the ark of salvation that God has established on this earth and it is the spiritual home for Christians. Apart from the church, Christians cannot sustain an upright faith life.

The role of the church is very important in firmly guarding our faith and keeping our faith life until the day our Lord returns. One of the greatest blessings a Christian can receive is to join a church that God delights in and to live a good faith life.

A Christian should love the church they belong to, being loyal, devoted, and serving to build the church that pleases

4
하나님이 기뻐하시는 교회

—— 에베소서 1:22-23 ——

또 만물을 그의 발 아래에 복종하게 하시고 그를 만물 위에 교회의 머리로 삼으셨느니라 교회는 그의 몸이니 만물 안에서 만물을 충만하게 하시는 이의 충만함이니라

교회는 하나님이 이 땅에 세우신 구원의 방주이며 크리스천을 위한 신앙의 보금자리입니다. 크리스천은 교회를 떠나서는 바르게 신앙생활을 할 수 없습니다.

우리가 주님 오시는 날까지 믿음을 굳게 지키며 신앙생활을 하는 데 있어서 교회의 역할은 매우 중요합니다. 그렇기에 크리스천이 받는 큰 축복 가운데 하나가 하나님이 기뻐하시는 교회를 만나 신앙생활을 잘하는 것입니다.

크리스천은 자신이 소속된 교회를 사랑하며 하나님이 기뻐하시는 교회를 만들기 위해 충성, 헌신, 봉사해야 합니다. 하나

God. When we become workers, devoting our whole lives to the church that God delights in, God's amazing grace and blessings will be upon us.

1. Jesus Christ is the head of the church

Firstly, the most important thing we know about the church is that the head of the church is Jesus Christ. The Bible clearly tells us about this.

Ephesians 1:22 says, *"And God placed all things under his feet and appointed him to be head over everything for the church."*

Colossians 1:18 also tells of Jesus as the head of the church: *"And he is the head of the body, the church; he is the beginning and the firstborn from among the dead, so that in everything he might have the supremacy."*

Just as the head controls the whole body, Jesus, the head of the church, needs to control and lead the church. In other words, the church should be the place where Jesus'

님이 기뻐하시는 교회의 일꾼이 되어 일평생 헌신할 때 하나님의 놀라운 은혜와 축복이 임할 것입니다.

1. 교회의 머리 되신 예수 그리스도

첫째, 교회에 대해 우리가 알아야 할 가장 중요한 것은 교회의 머리가 예수 그리스도이시라는 것입니다. 성경은 이에 대해 분명하게 말씀합니다.

에베소서 1장 22절입니다. "또 만물을 그의 발 아래에 복종하게 하시고 그를 만물 위에 교회의 머리로 삼으셨느니라"

골로새서 1장 18절 역시 교회의 머리 되신 예수님에 대해 말씀합니다. "그는 몸인 교회의 머리시라 그가 근본이시요 죽은 자들 가운데서 먼저 나신 이시니 이는 친히 만물의 으뜸이 되려 하심이요"

머리가 온몸을 다스리는 것처럼, 머리 되신 예수님이 교회를 다스리고 이끄셔야 합니다. 다시 말해, 교회는 처음부터 끝까지 예수님의 뜻이 이루어지는 곳이어야 합니다. 우리가 교

will is accomplished from beginning to the end. Even while we're serving the church, it should be Jesus' will, not our will. Then, the church will be filled with God's grace, and we too will be praised being called the Lord's faithful workers.

The Lord gave us a calling to preach the gospel of the cross to all the nations and to spread the love of our Lord to the marginalized, neglected, hungry, and sick. We have been indebted to Jesus' great love and in order to return this love, we too must put God's love into action. Sharing the gospel and loving in action is the greatest mission that our Lord entrusted the church. We must remember that it's all our responsibility.

After the Holy Spirit came on Pentecost, the church of Jerusalem was established and was committed to preach the gospel and practice love. As a result, not only did the church experience explosive growth and revival, but it was also commended by many people giving glory to God. Acts 2:44-45, 47 says, *"All the believers were together and had everything in common. They sold property and possessions to give to anyone who had need. ... Praising God and enjoying*

회를 섬길 때도 내 뜻이 아니라 예수님의 뜻대로 섬겨야 합니다. 그러면 교회 안에 하나님의 은혜가 충만하게 되고, 우리도 주님의 충성된 일꾼이라고 칭찬받게 됩니다.

주님은 우리에게 십자가의 복음이 세계 만민에게 전파될 수 있도록 복음 전파의 사명과 더불어 소외되고 굶주리고 아픈 사람에게 주님의 사랑을 전하라는 사명도 주셨습니다. 우리는 예수님께 갚을 수 없는 큰 사랑의 빚을 졌습니다. 이 빚을 갚기 위해 우리도 하나님의 사랑을 실천해야 합니다. 복음 증거와 사랑 실천은 주님이 교회에 맡기신 가장 큰 사명이며 우리 모두의 의무임을 기억하시길 바랍니다.

오순절 성령강림 사건을 계기로 세워진 예루살렘 교회는 복음 증거와 사랑 실천의 사명에 헌신했습니다. 그로 인해 폭발적인 부흥을 이뤘을 뿐만 아니라 많은 사람에게 칭찬받고 하나님께 영광 돌리는 교회가 되었습니다. 사도행전 2장 44-45, 47절은 다음과 같이 말씀합니다. "믿는 사람이 다 함께 있어 모든 물건을 서로 통용하고 또 재산과 소유를 팔아 각 사람의 필요를 따라 나눠 주며 … 하나님을 찬미하며 또 온 백성

the favor of all the people. And the Lord added to their number daily those who were being saved."

Today, our churches must recover the examples shown by the early church. For this, we must renew the passion of our first love and serve the Lord with joy and gratitude. Then our church will grow and become a good influence to our neighbors where everyone will commend the church.

Beginning in 2019, COVID-19 spread from China to the rest of the world, bringing the church into a time of crisis. On-site worship was prohibited, so church members could not attend church on Sunday. However, the crisis became another opportunity. If the church endures the crisis well, it will stand more firmly. No matter what crisis comes, the church must do what it has been charged to do. In season or out of season, let us share the gospel. Let us put the love of Jesus into action by reaching out to our neighbors who are marginalized and hurt. When we do this, God will allow growth and revival in the church and His amazing grace and blessings will be abundantly poured out upon us all.

에게 칭송을 받으니 주께서 구원 받는 사람을 날마다 더하게 하시니라"

오늘날 교회는 이런 초대교회의 모습을 회복해야 합니다. 이를 위해서는 먼저 첫사랑의 감격을 회복하고 기쁨과 감사함으로 주님을 섬기는 일에 힘써야 합니다. 그러면 교회가 부흥하고 이웃에게 선한 영향력을 끼쳐서 모든 사람이 교회를 칭찬하게 될 것입니다.

2019년부터 중국에서 시작하여 세계로 퍼져나간 코로나19로 인해 교회는 큰 위기를 맞았습니다. 대면 예배 자체가 금지되어 성도들이 주일에도 교회에 오지 못했습니다. 그러나 위기는 또 다른 기회입니다. 위기를 잘 견뎌내면 교회는 더욱 굳건히 서게 될 것입니다. 어떤 위기가 오든 교회는 교회 본연의 역할을 감당하면 됩니다. 때를 얻든지 못 얻든지 복음을 증거합시다. 소외되고 상처 입은 이웃에게 예수님의 사랑을 실천합시다. 그리할 때 하나님이 교회의 부흥을 허락하시고 놀라운 은혜와 축복을 우리 모두에게 넘치도록 부어주실 것입니다.

2. The church is the body of Christ

Secondly, we need to remember that the church is the body of Christ. Ephesians 1:23 says, *"The church is his body, the fullness of him who fills everything in every way."*

Jesus Christ is the head of the church, and the church is the body of Christ. We who are members of the church all belong to the body of Christ. In other words, as one body, we must be united. There should be no discord or quarrel within one body.

When a part of the body is in pain and undergoes surgery, not only is that one part sore but the whole body aches and takes time to recover. The same goes for the church. When we quarrel and fight, Jesus' body, the church, suffers, and each and everyone of us who is a part of the church, suffers. Then the church won't be able to stand firmly which will grieve our Lord.

We need to keep in mind that each and every person is a part of the body of Christ and must be united in Christ

2. 그리스도의 몸 된 교회

둘째로, 교회는 예수님의 몸이라는 사실을 기억해야 합니다. 에베소서 1장 23절입니다. "교회는 그의 몸이니 만물 안에서 만물을 충만하게 하시는 이의 충만함이니라"

예수 그리스도는 교회의 머리이시며, 교회는 그의 몸입니다. 교회의 구성원인 우리는 모두 예수님의 몸에 속한 지체들입니다. 다시 말해, 우리는 모두 한 몸으로서 서로 연합해야 합니다. 한 몸 안에서 갈등과 다툼이 있어서는 안 됩니다.

몸의 어느 한 부분이 아파서 수술받고 나면 그 부분만 아픈 것이 아니라, 온몸이 아프고 회복하는 데 시간이 걸립니다. 교회도 마찬가지입니다. 우리가 서로 다투고 갈등하면 예수님의 몸인 교회가 고통받고, 교회의 각 지체를 이루고 있는 우리 모두가 고통받습니다. 그러면 교회가 제대로 설 수 없으며, 이는 주님을 슬프시게 만드는 일이 될 것입니다.

우리는 한 사람 한 사람이 그리스도의 몸을 이루는 지체임을 마음에 새기고 서로를 사랑하며 주님 안에서 하나가 되어

with love. 1 Corinthians 12:25-27 says the following. *"So that there should be no division in the body, but that its parts should have equal concern for each other. If one part suffers, every part suffers with it; if one part is honored, every part rejoices with it. Now you are the body of Christ, and each one of you is a part of it."*

When an athlete makes good use of one's physical ability and performs well in competition, his entire life becomes glorious. Likewise, when we become one body in the Lord and devote our lives to the Lord, the church will be commended and the glory of the Lord will be manifested through the church.

We need to make effort in uniting as one in the Lord. Although we may have different hometowns, different backgrounds, different ages, and different genders, we are one in the Lord. However, becoming one isn't easily attained. So, the Bible says we need to make every "effort" to keep the unity. Ephesians 4:2-3 says, *"Be completely humble and gentle; be patient, bearing with one another in love. Make every effort to keep the unity of the Spirit through*

야 합니다. 고린도전서 12장 25-27절은 다음과 같이 말씀합니다. "몸 가운데서 분쟁이 없고 오직 여러 지체가 서로 같이 돌보게 하셨느니라 만일 한 지체가 고통을 받으면 모든 지체가 함께 고통을 받고 한 지체가 영광을 얻으면 모든 지체가 함께 즐거워하느니라 너희는 그리스도의 몸이요 지체의 각 부분이라"

운동선수가 신체 능력을 잘 활용하여 경기에서 좋은 성적을 거두면 그의 인생 전체가 영광을 얻게 되듯이, 우리가 주님 안에서 한 몸이 되어서 충성하고 헌신하면 교회가 칭찬을 받게 되고 교회를 통해 주님의 영광이 나타나게 됩니다.

우리는 주님 안에서 하나 되기를 힘써야 합니다. 고향, 배경, 나이, 성별이 달라도 우리는 주님 안에서 하나입니다. 그러나 하나 되는 일이 쉽게 이루어지진 않습니다. 그래서 성경은 하나 되는 것을 '힘써' 지켜야 한다고 말씀합니다. 에베소서 4장 2-3절입니다. "모든 겸손과 온유로 하고 오래 참음으로 사랑 가운데서 서로 용납하고 평안의 매는 줄로 성령이 하나 되게 하신 것을 힘써 지키라"

the bond of peace."

Satan doesn't want the church to stand firmly. He doesn't want the church to have growth and revival. Satan wants us to have division and conflict within the church. Thus, Satan constantly interferes with us being united. On the other hand, the Lord wants us to be united as one. Therefore, we must remember what God's will is and make every effort to keep the unity.

The gifts of the Holy Spirit were given to the Corinthian church, and a great revival took place. However, several factions emerged in the church. The Apostle Paul was saddened to hear of this and sent a letter to the church members of Corinth, urging them to be one in the Holy Spirit. This letter became the book of 1 Corinthians.

1 Corinthians 1:11-12 says, *"My brothers and sisters, some from Chloe's household have informed me that there are quarrels among you. What I mean is this: One of you says, 'I follow Paul'; another, 'I follow Apollos'; another, 'I follow Cephas'; still another, 'I follow Christ.'"*

사탄은 교회가 바로 서는 것, 교회가 부흥하는 것을 원치 않습니다. 사탄이 원하는 것은 우리가 교회 안에서 서로 나뉘고 분쟁하는 것입니다. 그래서 사탄은 우리가 하나 되는 일을 끊임없이 방해합니다. 반면에 주님은 우리가 하나 되는 것을 바라십니다. 그러므로 우리는 주님이 뜻이 무엇인지를 분명히 기억하고 하나 되기 위해 힘써 노력해야 할 것입니다.

고린도교회에 성령의 은사가 나타나서 큰 부흥이 일어났습니다. 그런데 그 안에서 여러 파벌이 생겨났습니다. 이 사실을 알게 된 사도 바울은 안타까운 마음에 고린도교회 성도들에게 성령 안에서 하나 될 것을 권면하는 편지를 보냈는데, 그것이 바로 고린도전서입니다.

고린도전서 1장 11-12절입니다. "내 형제들아 글로에의 집 편으로 너희에 대한 말이 내게 들리니 곧 너희 가운데 분쟁이 있다는 것이라 내가 이것을 말하거니와 너희가 각각 이르되 나는 바울에게, 나는 아볼로에게, 나는 게바에게, 나는 그리스도에게 속한 자라 한다는 것이니"

The conflict between these factions caused a dispute among the members of the Corinthian church. Without exception, God is displeased with divisions and disputes. We must remember that the Devil delights in those things and leads to a path to destruction.

Galatians 5:15 says, *"If you bite and devour each other, watch out or you will be destroyed by each other."*

Under any circumstance, divisions and conflicts should never take place within the church. We are so thankful that our church has never experienced a split since it was founded in 1958. The church grew so large that we had to permit the independence of district churches; however, there has never been an internal conflict that divided the church. This is absolutely by God's grace. We should continue striving to be one in the Lord.

There are people who initiate divisions relating to hometowns, ethnicity, and nationality. But why should our birthplace matter when we are in the Lord? A person is born in Busan, so the person belongs to the Yeongnam

고린도교회의 성도들이 이러한 파벌들의 분쟁으로 다툼을 일으키게 된 것입니다. 그러나 분열과 다툼은 이유를 막론하고 하나님이 기뻐하시지 않는 일입니다. 오히려 분열은 마귀가 좋아하는 일이며 모두가 멸망하는 길임을 기억하기를 바랍니다.

갈라디아서 5장 15절은 말씀합니다. "만일 서로 물고 먹으면 피차 멸망할까 조심하라"

어떤 경우에도 교회 안에서 분열과 다툼이 있어서는 안 됩니다. 참으로 감사한 것은 여의도순복음교회가 처음 세워진 1958년 이후 단 한 번도 분열된 적이 없다는 것입니다. 교회가 부흥해서 지성전과 제자교회를 독립시키는 일은 있었어도, 교회 안에서 다툼이 일어나서 분열된 적은 없습니다. 이는 전적인 하나님의 은혜입니다. 우리는 계속해서 주님 안에서 하나 되어야 할 것입니다.

간혹 고향이나 인종, 국적을 이유로 분열을 조장하는 사람들이 있습니다. 그러나 어디에서 태어났든지 그것이 주님 안에서 무슨 문제가 됩니까? 태어난 곳이 부산이라 영남 사람

Region. A person is born in Gwangju, so the person belongs to the Honam Region. We shouldn't stir emotions by bragging about our regions because it brings quarrel. Regardless of where we are born, we are one in the Lord. Being one in the Lord is a conviction that transcends not only regions but race as well. We currently have 2.2 million foreigners living with us in South Korea. Although we may differ in skin color and nationality, we are one in the Lord.

Our worship service is translated into ten different languages for our foreigners. As they're living here in Korea, they can listen to the sermon in their own language. By listening to the gospel, they can be transformed. When they are spiritually well nurtured, they can return to their home countries and be used by God as powerful missionaries who transform their nations. Therefore, we need to initiate contact by extending our hand in love so we can be one in the Lord. When we are able to be one in the Lord and grow together, we will not only personally experience spiritual maturity but achieve a worldwide church revival.

Jesus Christ is the head of the church. Only Jesus should receive our honor and exaltation. We who have been

이 되었고, 태어난 곳이 광주라서 호남 사람이 되었는데, 영남과 호남의 지역감정을 내세워 다투면 안 됩니다. 우리가 어디서 태어났든지 주님 안에서 하나입니다. 주님 안에서 하나 됨은 지역뿐만 아니라 인종도 초월하는 개념입니다. 현재 220만 외국인들이 대한민국 땅에 거주하고 있습니다. 비록 피부색이 다르고, 국적이 다를지라도 우리는 주님 안에서 하나입니다.

우리 교회에서는 외국인들을 위해 10개국 언어로 예배를 통역하고 있습니다. 이를 통해 대한민국에 거주하는 외국인들이 자국 언어로 설교를 들을 수 있습니다. 그들이 한국 땅에서 복음을 듣고 변화되어 영적으로 잘 양육 받으면, 훗날 자신의 나라로 돌아가서 그 나라를 변화시킬 위대한 선교사로 쓰임 받을 수 있게 됩니다. 그러므로 우리는 주님 안에서 그들과 하나가 되기 위해 먼저 다가가 사랑의 손을 내밀어야 합니다. 우리 모두 하나 되어 주님 안에서 함께 성장하게 된다면, 개인의 영적인 성숙뿐만 아니라 세계 교회의 부흥도 이루게 될 것입니다.

교회의 머리는 예수 그리스도이십니다. 그렇기에 예수님만이 홀로 존귀와 경배를 받으셔야 합니다. 예수님을 믿고 구원

saved by believing in Jesus must fix our eyes on Jesus and be joined with Him from beginning to end. When we are united in the Lord, sharing one mind, proclaiming the gospel, and putting love into action, God's amazing blessings will be upon us all.

3. The church growing daily

Thirdly, the church must grow daily.

Ephesians 4:15 says, *"Instead, speaking the truth in love, we will grow to become in every respect the mature body of him who is the head, that is, Christ."*

The one we should aim for in our spiritual growth is Jesus Christ. We all must be one in the Lord and become more like Jesus. Like Jesus, our character must mature. Like Jesus, we must share love. Like Jesus, we must heal others with God's grace. The church must mature like this.

If we do not emulate Jesus, people of this world will

받은 우리는 처음부터 끝까지 오직 예수님만 바라보고 예수님과 함께해야 합니다. 우리가 주님 안에서 하나 되어 한마음으로 복음을 전하고 사랑을 실천할 때 하나님의 놀라운 복이 우리에게 임하게 될 것입니다.

3. 날마다 성장하는 교회

셋째로, 교회는 날마다 성장해야 합니다.

에베소서 4장 15절입니다. "오직 사랑 안에서 참된 것을 하여 범사에 그에게까지 자랄지라 그는 머리니 곧 그리스도라"

우리가 영적으로 성장하는 데 있어서 목표로 삼아야 할 분은 바로 예수 그리스도이십니다. 우리는 주님 안에서 하나 되어 예수님을 닮아가야 합니다. 예수님처럼 우리의 인격이 성숙해져야 하고, 예수님처럼 사랑을 전해야 하며, 예수님처럼 하나님의 은혜로 사람들을 치료해야 합니다. 교회는 이렇게 성숙해져야 합니다.

만약 우리가 예수님을 닮지 않으면 세상 사람들이 우리를

point their fingers at us. Therefore, believers in Jesus must change. Their personalities must mature. After believing in Jesus, a person who once got angry ten times a day will gradually get less angry over time and become gentle like a sheep, transformed into a person who is no longer controlled by anger.

On the other hand, if decades have passed since believing in Jesus, and we're still the same, unchanged, insisting with our way of life, careless with our words and actions, we must recognize and be ashamed of ourselves as a Christian. I hope that our church matures spiritually and that our church consists of members who exhibit characteristics of spiritual maturity. In order for us to grow, we must be one and cooperate with one another.

Ephesians 2:21-22 says, *"In him the whole building is joined together and rises to become a holy temple in the Lord. And in him you too are being built together to become a dwelling in which God lives by his Spirit."*

Though we are a work in progress, being one in the Holy Spirit, we are being built together advancing towards

향해 손가락질할 것입니다. 그래서 예수님을 믿는 사람은 변화되어야 합니다. 인격이 성숙해져야 합니다. 하루에 10번씩 화를 내던 사람이 예수님을 믿은 후에는 화를 내는 횟수가 점점 줄어들고, 결국 양처럼 온순한 사람으로 변화되어 더 이상 화를 내지 않아야 하는 것입니다.

반면 우리가 예수님을 믿은 후 수십 년이 지났어도 여전히 변화되지 않고 자기 고집대로 살며 말과 행동을 함부로 한다면, 이는 크리스천으로서 부끄러운 모습임을 깨달아야 합니다. 우리 교회가 영적으로, 인격적으로 성숙한 성도들로 구성된 교회가 되기를 바랍니다. 그런데 우리가 성장하려면 우리는 서로 하나 되어 협력해야 합니다.

에베소서 2장 21-22절입니다. "그의 안에서 건물마다 서로 연결하여 주 안에서 성전이 되어 가고 너희도 성령 안에서 하나님이 거하실 처소가 되기 위하여 그리스도 예수 안에서 함께 지어져 가느니라"

우리는 미완성이지만 성령 안에서 하나 되어 함께 지어지고 완성을 향해 나아갑니다. 만약 아이가 태어났는데 시간이 지

completion. If a baby doesn't walk and lies down for a long time after birth, it can raise a significant concern for the parents. In the same way, when a church is birthed, it should grow and experience revival over time. However, if the church members become divided and quarrel with one another, causing the church to regress instead of being revived, the Lord will be deeply grieved and sorrowful.

We must totally cast out our skewed old self, becoming one in the Holy Spirit, and bring about the revival of the church. If the church, the body of Christ, is not revived, there is a problem. We must identify and resolve the issue quickly. I hope that we will be united in the Holy Spirit, exerting ourselves to the Word and prayer, and earnestly desiring worship. When we become one, the Holy Spirit will be present in our worship, His anointing will rest upon us, and He will work through us.

Ephesians 4:15 says, *"Instead, speaking the truth in love, we will grow to become in every respect the mature body of him who is the head, that is, Christ."*

We must grow every day, consistently meditating on the

나도 걷지 않고 계속 누워만 있다면 부모에게 큰 걱정거리가 될 것입니다. 마찬가지로 교회도 탄생하면 시간이 지나 부흥하고 성장해야 합니다. 그러나 성도들끼리 서로 분열하고 다투는 바람에 교회가 부흥은커녕 점점 퇴보하고 있다면 주님이 크게 근심하고 슬퍼하실 것입니다.

우리는 잘못된 옛 모습을 모두 내던지고 성령 안에서 하나 되어 교회의 부흥을 이뤄야 합니다. 만약 주님의 몸 된 교회가 부흥하지 않는다면 교회에 문제가 있는 것입니다. 그 문제를 빨리 발견하고 해결해야 합니다. 또한 성령 안에서 하나 되어 말씀과 기도에 힘쓰고 예배를 간절히 사모하기를 바랍니다. 성령님이 예배 가운데 임재하셔서 우리에게 기름을 부으시고 하나 된 우리를 통해 역사하실 것입니다.

에베소서 4장 15절입니다. "오직 사랑 안에서 참된 것을 하여 범사에 그에게까지 자랄지라 그는 머리니 곧 그리스도라"

우리는 날마다 성장해야 합니다. 늘 주님의 말씀을 묵상하

Word of our Lord so that we're able to discern what the Lord's will is and carry out God's precious endeavor.

Life is but once for any person. It is a great blessing to be a child of God through faith in Jesus in this one and only life. We have been indebted to our Lord's great love. One of the ways we can return a small portion of the love we're indebted to Him is to passionately love the body of Christ, His church and serve the marginalized and the poor.

While I was serving at the Full Gospel Church in Tokyo, the church members faced hardship as the church had to move several times to different locations. Due to the high cost of living in Tokyo, a lot of money had to be spent on monthly rent. The deposit was close to a billion won and the rent was a staggering 90 million won per month. We had to pay over a billion won per year for rent alone. In the midst of this situation, I decided to build a church. For this, many members broke their alabaster jar showing their commitment.

여 주님의 뜻을 분별하고 하나님의 귀한 역사를 이루어가야 합니다.

인생은 누구에게나 단 한 번입니다. 한 번 사는 그 인생 가운데 예수님을 믿고 하나님의 자녀가 되었다는 것이 얼마나 큰 복인지 모릅니다. 우리는 주님께 갚을 수 없는 큰 사랑의 빚을 졌습니다. 우리가 이 사랑의 빚을 일부나마 갚아드리는 방법은 주님의 몸 된 교회를 뜨겁게 사랑하고, 소외되고 어려운 이웃을 주님의 사랑으로 섬기며, 믿지 않는 사람들에게 예수님의 복음을 전하는 것입니다.

제가 일본에서 순복음동경교회를 섬길 당시, 교회 건물이 없어서 여러 곳으로 이사하느라 성도들이 힘들어했습니다. 심지어 도쿄의 높은 물가로 인해 많은 돈을 월세로 내야 했습니다. 보증금 10억에 월세가 9천만 원, 결국 월세만으로 1년에 10억 원 이상을 내야 하는 상황이었습니다. 이러한 상황 속에서 저는 교회 건축을 결심했고, 이를 위해 많은 성도가 자신의 옥합을 깨뜨려 헌신했습니다.

Among them was a church member that I'd never forget. She was a Korean-Chinese who was preparing to return to her husband and young child whom she'd left behind in Yanbian as she worked for two years in Japan. At the time, two years' wages in Japan were enough money to live for ten years in Yanbian. She had a good faith life and more importantly a passion for evangelism. The cell group she belonged to experienced significant growth because she evangelized to more than 40 Korean-Chinese and Chinese people and brought them to church. She worked at a restaurant every night washing dishes, so her hands were always swollen. After working hard washing dishes all night, she attended the early morning prayer service and prayed with tears before the Lord.

She worked hard and saved money for two years preparing to return to China. However, one early morning, as she was praying, the Holy Spirit said to her, "Offer the money that you have saved to take back to China as an offering for the church building fund." Although the Holy Spirit touched her heart, it was difficult for her to make a decision. She had been counting the days to spend time with her family in Yanbian. So she prayed again.

그중에서도 잊을 수 없는 한 성도님이 있습니다. 조선족이었던 그녀는 남편과 어린아이를 두고 일본에서 2년만 일하고 다시 연변으로 돌아갈 계획이었습니다. 당시 일본에서 2년만 일하면 연변에서 가족들과 10년간 먹고 살 수 있는 생활비를 벌 수 있었기 때문입니다. 그런데 그녀는 신앙생활도 잘했고 무엇보다 전도에 열정적이었습니다. 그녀가 전도한 조선족과 중국인 성도가 40명이 넘어 그 구역이 크게 부흥했습니다. 그녀는 밤마다 식당에서 일하며 설거지하느라 손이 늘 부어있었습니다. 밤이 새도록 열심히 그릇을 닦은 후 새벽 예배에 나와 눈물로 주님 앞에 기도했습니다.

그녀는 2년 동안 열심히 돈을 모으며 중국으로 돌아갈 준비를 했습니다. 그런데 어느 날 새벽, 그녀가 교회에 나와 기도하는데 성령님이 "중국으로 돌아가려고 모아놨던 그 돈을 모두 주님 앞에 건축헌금으로 드려라."라고 말씀하셨습니다. 성령님이 그녀의 마음에 감동을 주셨지만, 그녀로서는 쉽게 결단할 수 없었습니다. 그녀는 연변에 있는 가족들과 함께 지낼 날만 손꼽아 기다려 왔기 때문입니다. 그래서 다시 기도했습니

"Next month, I planned to take this money back home to provide for my child and husband who had been longing to be together. What will I do if I offer this to the Lord?" However, the Holy Spirit continued to say, "Offer it to the Lord. Offer it to the Lord."

After a Sunday service, she came into my office with the district pastor. In her hand was a yellow envelope. It was spattered by her tears here and there and on the envelope was written, "I offer it as the church building fund before the Lord." She left my office after receiving prayer from me. The district pastor came and told her story to me. "As a matter of fact, Mrs. Kim, our district leader, was preparing to return to her home next month, but she was prompted by the Holy Spirit to give her savings as an offering. For the past week, she was in tears, finally deciding to give it all to the Lord. She'll need to work two more years to return home."

My heart was broken when I heard about her situation. "Lord, among so many church members, why did you touch her heart to give all she had, especially, knowing of her hardship? Why must she stay and wash dishes all night

다. "저는 다음 달이면 이 돈을 가지고 고향으로 돌아가서 그리운 남편과 아이를 만나 함께 지내야 하는데, 이 돈을 주님께 내면 저는 어떻게 합니까?" 그러나 성령님은 계속해서 "주님께 드려라. 주님께 드려라."라고만 말씀하셨습니다.

어느 주일 예배가 끝났을 때, 그녀는 담당 교구장 전도사님과 함께 제 사무실로 찾아왔습니다. 그녀의 손에는 노란 봉투가 들려있었습니다. 그 봉투는 눈물로 얼룩져 있었고 앞면에는 '주님 앞에 건축헌금으로 드립니다.'라고 쓰여 있었습니다. 그녀는 그 봉투를 헌금한 후에 제게 기도를 받고 사무실을 떠났습니다. 교구장 전도사님이 저에게 와서 다음과 같은 이야기를 해주었습니다. "사실 저 김 구역장님이 다음 달에 연변으로 돌아가려고 했는데, 성령님이 헌금을 하라는 감동을 주셔서 1주일 내내 울다가 그동안 모은 재산을 모두 주님 앞에 바쳤습니다. 그래서 그녀가 집으로 돌아가려면 앞으로 2년 더 일본에 남아 일해야 한다고 합니다."

그녀의 사정을 들은 저는 마음이 참 아팠습니다. "주님, 많은 성도 가운데 왜 이렇게 어려운 사람의 마음을 감동하셔서 가진 걸 모두 주님께 헌금하게 하셨나요? 왜 그녀가 2년을 더 남

for another two years? The Lord didn't say anything in response to my prayer.

She worked two more years, washing dishes all night long, and she saved enough money to return home. For two years, she studied theology, upon her return, she planted a church. The church grew, and she was used by the Lord as a precious missionary. As she devoted herself to God, God directed her life in a way we could never have imagined and blessed her life.

Let us love the church, the body of Christ, and exalt Jesus, who is the head of the church. May we share Jesus enthusiastically and become more like Jesus. May Jesus alone be our life and not forget that He is the Lord of our lives. When we earnestly follow hard after Jesus, God will lead us and faithfully take care of our lives.

아서 밤새 힘들게 그릇 닦는 일을 하게 하시나요?" 제 기도에 주님은 아무 말씀도 하지 않으셨습니다.

그녀는 다시 2년 동안 밤새 그릇 닦는 일을 하면서 집에 돌아갈 만큼 충분한 돈을 모았습니다. 그리고 그 시간 동안 신학을 공부해서 연변으로 돌아가 교회를 세우게 되었습니다. 그 교회는 크게 부흥했고, 그녀 역시 선교사로 귀하게 쓰임 받게 되었습니다. 그녀가 하나님께 헌신했더니 하나님이 우리가 생각하지도 못했던 방향으로 그녀의 인생을 이끄시고 축복해 주신 것입니다.

우리도 주님의 몸 된 교회를 사랑하고 머리 되신 예수님만 높입시다. 열심히 예수님을 증거하고 예수님을 닮아갑시다. 예수님만이 우리의 생명이시며 삶의 주관자이심을 잊지 말고 예수님을 힘써 따라가면 하나님이 우리의 인생을 인도하시고 책임져 주십니다.

5

Lord, Send Us Revival

---Habakkuk 3:2---

LORD, I have heard of your fame; I stand in awe of your deeds, LORD. Repeat them in our day, in our time make them known; in wrath remember mercy.

At this moment, the wind of revival is blowing worldwide. We must ride the wave of revival during this revival time. We must move forward in faith, as we prepare for the awesome revival that's coming our way.

Today's passage is the prayer of the Prophet Habakkuk. The Prophet Habakkuk ministered around 612 B.C. At the time, the southern kingdom of Judah was so spiritually and morally corrupt that it was in chaos and on the verge of destruction. In this desperate situation, Habakkuk embraced the fate of the nation and prayed earnestly for God's help.

5
주여, 부흥을 주옵소서

하박국 3:2

야훼여 내가 주께 대한 소문을 듣고 놀랐나이다 야훼여 주는 주의 일을 이 수년 내에 부흥하게 하옵소서 이 수년 내에 나타내시옵소서 진노 중에라도 긍휼을 잊지 마옵소서

지금 전 세계에서 부흥의 바람이 불고 있습니다. 이 부흥의 때에 우리는 부흥의 파도를 타야 합니다. 우리에게 다가올 놀라운 부흥을 바라보며 믿음으로 전진해야 합니다.

오늘 말씀은 하박국 선지자의 기도입니다. 하박국 선지자는 주전 612년경에 활동한 선지자입니다. 당시 남유다는 영적으로, 도덕적으로 타락해서 나라가 혼란에 빠지고 멸망 당할 위기에 처해 있었습니다. 이런 절망적 상황 가운데 하박국은 민족의 운명을 끌어안고 하나님의 도우심을 바라며 간절히 기도했습니다.

1. A prayer for revival

Habakkuk 3:2 is a prayer for revival. *"LORD, I have heard of your fame; I stand in awe of your deeds, LORD. Repeat them in our day, in our time make them known; in wrath remember mercy."*

From God's perspective, revival is brought about by God's Word and the work of the Holy Spirit. However, from man's perspective, it begins with the repentance of returning to God. Revival cannot happen without repentance. So, at the beginning of Jesus' public ministry, His first message was about repentance.

Matthew 4:17 says, *"From that time on Jesus began to preach, 'Repent, for the kingdom of heaven has come near.'"*

Psalm 51:17 also speaks of the importance of repentance: *"My sacrifice, O God, is a broken spirit; a broken and contrite heart you, God, will not despise."*

1. 부흥을 위한 기도

하박국 3장 2절은 부흥을 위한 기도입니다. "야훼여 내가 주께 대한 소문을 듣고 놀랐나이다 야훼여 주는 주의 일을 이 수년 내에 부흥하게 하옵소서 이 수년 내에 나타내시옵소서 진노 중에라도 긍휼을 잊지 마옵소서"

부흥은 하나님 편에서 볼 때는 말씀과 성령의 역사로 이루어지지만, 인간의 편에서 볼 때는 하나님께 돌아가는 회개로부터 시작됩니다. 회개 없이 부흥의 역사는 나타나지 않습니다. 그래서 공생애 초기에 예수님의 첫 번째 메시지가 바로 회개였습니다.

마태복음 4장 17절입니다. "이 때부터 예수께서 비로소 전파하여 이르시되 회개하라 천국이 가까이 왔느니라 하시더라"

시편 51편 17절도 회개의 중요성을 말씀합니다. "하나님께서 구하시는 제사는 상한 심령이라 하나님이여 상하고 통회하는 마음을 주께서 멸시하지 아니하시리이다"

We must pray that God will pour out the Spirit of repentance upon us. The Great Revival Movement of Wonsan in 1903 began with repentance. At the time, Robert A. Hardie, the Canadian missionary, gathered with other missionaries in Wonsan and led a prayer meeting. While he was preparing for the message, the Holy Spirit came upon him.

When the Holy Spirit came upon him, he saw his own sin. As a white man, a doctor who graduated from a prestigious university, he was caught up in a sense of superiority and arrogance. As he couldn't rid of his pride even while he was serving as a missionary in Korea, he was unable to bear any fruit from his ministry. The Holy Spirit made him realize this.

Missionary Hardie confessed before the other missionaries in tears. "I did not bear any fruit in my missionary work because of my arrogance." Hardie's confession touched the hearts of the other missionaries and led them to repent of their own pride and spiritual laziness before God. Due to this repentance movement, the Great Revival Movement of Wonsan broke out, and four years

우리는 하나님이 우리에게 회개의 영을 부어주시도록 기도해야 합니다. 1903년 원산 대부흥운동은 회개에서 시작되었습니다. 당시 캐나다 출신 로버트 하디 선교사님이 원산에서 선교사님들과 함께 모여 기도회를 열었는데 하디 선교사님이 말씀을 준비하는 가운데 성령님이 그에게 임하셨습니다.

성령님이 임하시니 자신의 죄가 보였습니다. 그는 명문대학을 나온 백인 의사로서 우월감과 교만함에 사로잡혀 있었습니다. 한국에 와서 선교사역을 하면서도 교만한 모습을 버리지 못해 사역의 열매를 맺지 못하고 있었는데, 성령님이 그 사실을 깨닫게 해주신 것입니다.

하디 선교사님은 다른 선교사님들 앞에서 눈물을 흘리며 "내가 교만해서 선교사역의 열매가 없었다."라고 고백했습니다. 그의 고백을 들은 선교사님들도 큰 감동을 받고 자신들의 영적인 교만과 나태함을 회개하기 시작했습니다. 이러한 회개운동을 통해 원산 대부흥운동이 일어나게 되었고, 이 운동은 4년 후에 평양 대부흥운동으로 이어져서 한국 전역을 뒤덮게

later, it led to the Great Revival Movement of Pyongyang, which spread throughout Korea.

The Great Revival Movement of Pyongyang also began with repentance, the tearful repentance of Elder Seonju Gil of Jangdaehyun Church. Elder Gil was a spiritual leader in Pyongyang and was highly respected by all the church members. He stood up and confessed his sins in tears in front of the congregation during the revival meeting, "I am like Achan, and because of me, you could not receive God's blessings. When my friend died, he entrusted me with money and told me to take good care of his wife but I stole some of the money and used it."

As he repented in tears, other church members in the meeting repented, weeping and confessing their sins before God all through the night. As a result, the revival spread throughout the nation. It brought the early morning prayer, fasting prayer, mountain prayer movements, and the salvation of one million souls movement in Korea. This amazing revival brought hope and dreams to all the people who were hopeless. At that time, many leaders of the national movement and social classes recognized that

되었습니다.

평양 대부흥운동도 장대현 교회 길선주 장로님의 눈물의 회개로부터 시작되었습니다. 평양의 영적 지도자이며 온 성도에게 존경받는 길 장로님이 부흥회 때 일어나서 자기 잘못을 공개적으로 고백했습니다. "저는 아간과 같은 자입니다. 저 때문에 하나님이 축복을 주실 수 없는 것입니다. 친구가 죽으면서 제게 돈을 맡기고 자기 아내를 잘 돌봐달라고 부탁했는데 내가 그 돈의 일부를 훔쳐 사용했습니다."

그가 눈물로 회개하자 그 자리에 모인 다른 성도들도 회개하며 눈물의 기도로 밤을 지새웠습니다. 이 부흥운동은 전국으로 확대되어 새벽기도 운동, 금식기도 운동, 산기도 운동, 그리고 100만 구령 운동이 일어나는 놀라운 결과를 낳았습니다. 이 놀라운 부흥은 절망하고 있던 모든 사람에게 꿈과 희망을 주었습니다. 당시 민족운동과 사회 각 계층의 지도자 중 많은 사람이 한국을 살릴 수 있는 유일한 종교가 기독교임을 깨닫고 주님 앞으로 나오게 되었습니다.

Christianity was the only religion that could save Korea, so they came to the Lord.

As Christians, we first must always be spiritually awake. We must repent with tears before God and earnestly cry out desiring the work of the Holy Spirit. When we pray for our nation, our church, and our family, God will pour out a blessing of revival.

2. The God of revival

Revival is under God's sovereignty. Habakkuk 3:2 says, *"LORD, I have heard of your fame; I stand in awe of your deeds, LORD. Repeat them in our day."*

The prophet Habakkuk prayed, "May the Lord bring about this amazing revival in our day." The One who will make this amazing revival is God Almighty. Jeremiah 33:2 says, *"This is what the LORD says, he who made the earth, the LORD who formed it and established it—the LORD is his name."*

언제나 우리 크리스천이 먼저 영적으로 깨어있어야 합니다. 하나님 앞에 눈물로 회개하며 다시금 놀라운 성령의 역사가 일어나도록 간절히 부르짖어 기도해야 합니다. 나라와 민족을 위해, 교회를 위해, 가정을 위해 기도할 때 하나님이 우리에게 부흥의 역사를 부어주실 것입니다.

2. 부흥을 이루시는 하나님

모든 부흥은 하나님이 주관하시는 역사입니다. 하박국 3장 2절은 "야훼여 내가 주께 대한 소문을 듣고 놀랐나이다 야훼여 주는 주의 일을 이 수년 내에 부흥하게 하옵소서"라고 말씀합니다.

하박국 선지자는 하나님께 수년 내에 부흥을 이루어달라고 기도했습니다. 부흥, 이 놀라운 일을 이루시는 분은 오직 전능하신 하나님뿐이십니다. 예레미야 33장 2절은 말씀합니다. "일을 행하시는 야훼, 그것을 만들며 성취하시는 야훼, 그의 이름을 야훼라 하는 이가 이와 같이 이르시도다"

God carries out, builds and fulfills what He has set out to do. When we trust and rely on our Almighty God, His awesome works will be fulfilled in our lives even in the midst of a troubling and chaotic world. God will open the floodgates of heaven, and His wondrous grace will shower us like a waterfall. Therefore, let us dream of revival and move forward in faith, yearning to be filled with the Holy Spirit. Ephesians 5:18 says, *"Do not get drunk on wine, which leads to debauchery. Instead, be filled with the Spirit."*

The revival in the early church began with being filled with the Holy Spirit. As 120 of Jesus' disciples gathered together and prayed earnestly for ten days in Mark's Upper Room, the Holy Spirit came upon them on the day of Pentecost. As a result of the Holy Spirit's coming, a remarkable work of revival began to unfold. Peter preached, and in a single day, sometimes 3,000 or even 5,000 people repented and turned back to the Lord. The early church believers began to share what they had with one another and looked after the marginalized. As a result, the church became stronger in faith and grew in numbers daily. God was at work in the church, thus bringing the presence of

하나님이 일을 행하시고 일을 만드시며 성취하십니다. 온 세상이 혼란스럽고 문제가 많아도 전지전능하신 하나님을 믿고 의지하면 하나님의 위대한 역사가 우리 삶 가운데 이루어집니다. 하나님 앞에 엎드려 눈물로 회개하고 기도하면 하나님이 하늘의 문을 여시고 놀라운 은혜를 폭포같이 부어주실 것입니다. 그러므로 부흥에 대한 꿈을 품고 성령충만을 간절히 사모하며 믿음으로 전진해 나가기를 바랍니다. 에베소서 5장 18절의 말씀입니다. **"술 취하지 말라 이는 방탕한 것이니 오직 성령으로 충만함을 받으라"**

초대교회의 부흥은 성령충만에서 시작되었습니다. 마가의 다락방에 120명의 제자가 함께 모여 열흘 동안 간절히 기도하자 오순절 날에 성령님이 그들 가운데 임하셨습니다. 그 후 놀라운 부흥의 역사가 펼쳐지기 시작했습니다. 베드로가 밖으로 나가 복음을 전했을 때 하루에 3,000명, 5,000명이 회개하고 주님께 돌아왔습니다. 초대교회의 성도들은 가진 것을 서로 나누며 사회적 약자를 돌보기 시작했습니다. 그로 인해 교회는 믿음이 더욱 강해지고 그 수가 날마다 늘어났습니다. 하나님이 일하시니 교회에 성령님이 임하시고 이 같은 놀라운 부흥의 역사가 나타났던 것입니다.

the Holy Spirit, and these led to the extraordinary revival movement.

Through the Holy Spirit, the church grew, and the gospel was spread throughout the Roman Empire, which began to feel threatened by the expanding Christianity. Although the early church Christians were politically under the rule of the Roman Empire, they did not worship the Roman emperor, but served only God and believed Jesus as their Lord and Savior. From the reign of Emperor Nero, Christianity was persecuted for about 250 years. During the long period, Christians had to hide to avoid Roman persecution. Amazingly in A.D. 313, under Emperor Constantine, Christianity was officially recognized as a legal religion within the Roman Empire. This is the work of the Holy Spirit.

The wind of the Holy Spirit blew upon our church in Daejo-dong and then in Seodaemun. At the time, masses of people flocked to the church, leaving the Seodaemun rotary immobilized after worship service. Even though we didn't make a request to the police station, they willingly sent police officers to sort the traffic. In 1973, our church

성령님의 역사를 통해 교회가 커지고 복음이 로마 전역으로 전파되자 로마제국은 기독교에 대해 위협을 느끼게 되었습니다. 더욱이 초대교회 성도들은 정치적으로는 로마제국의 통치 하에 있었지만, 로마 황제를 숭배하지 않고 하나님만 섬기며 예수님을 구세주로 믿었습니다. 그로 인해 기독교는 네로 황제 때부터 약 250년 동안 박해를 받았고, 그 오랜 시간 동안 성도들은 로마의 박해를 피해 숨어야 했습니다. 그러다 놀랍게도 A.D. 313년 콘스탄틴 황제 때 기독교는 로마의 합법적인 종교로 공식 인정받게 됩니다. 이것이 바로 성령의 역사입니다.

대조동과 서대문 시절, 우리 교회에도 성령의 바람이 불어왔습니다. 당시에 얼마나 많은 사람이 교회로 몰려왔는지 예배가 끝나고 나갈 때는 서대문 로터리의 교통이 마비되었습니다. 그래서 우리 교회가 부탁하지도 않았음에도 경찰서에서 자발적으로 경찰을 보내서 교통 정리를 해줬던 일이 기억납니다. 1973년, 우리 교회가 여의도로 이사를 온 후에도 여전히 수

moved to Yoido and despite the move, large mass of people still made it to church. In order to worship in the main sanctuary, people had to line up an hour before Sunday service started. It was mayhem as the people leaving after the service mixed with the people coming in for service. These scenes were possible because God granted our church to experience growth and revival. This revival needs to take place here, once again. We must earnestly pray for the new revival that will come upon us.

3. The God of mercy

Revival begins with God's mercy. The prophet Habakkuk earnestly prayed to God who shows mercy. Habakkuk 3:2b says, *"In wrath remember mercy."*

At the time, due to Israel's spiritual corruption and the injustice of the wicked, they were on the receiving end of God's wrath and judgment. The Prophet Habakkuk earnestly prayed to God, asking Him to show mercy when the Israelites were on the brink of being destroyed by the Babylonians. "Lord, have mercy. Even though Your

많은 사람이 교회로 몰려왔습니다. 대성전에서 주일 예배를 드리기 위해서는 한 시간 전부터 줄을 서야 했고, 예배가 끝나면 나오는 사람과 들어가는 사람들이 섞여서 정신이 없었습니다. 이러한 일들이 가능했던 것은 하나님이 우리 교회에 부흥을 허락해 주셨기 때문입니다. 이 부흥의 역사가 이 시간, 이 자리에서 다시 일어나야 합니다. 우리는 새로 다가올 부흥을 위해 간절히 기도해야 할 것입니다.

3. 긍휼을 베푸시는 하나님

부흥의 역사는 하나님의 긍휼로부터 출발합니다. 그래서 하박국 선지자는 긍휼을 베푸시는 하나님께 간절히 기도했습니다. 하박국 3장 2절 하반절입니다. "진노 중에라도 긍휼 잊지 마옵소서"

당시 이스라엘은 영적인 타락과 악인들의 불의로 인해 하나님께 진노와 심판을 받을 수밖에 없었습니다. 하박국 선지자는 이스라엘 백성들이 바벨론에 멸망당할 위기에 처했을 때 하나님이 긍휼을 베풀어 주시기를 간절히 구했습니다. "주여, 긍휼을 베풀어 주옵소서. 우리의 죄악 때문에 진노하셨을지라

wrath is upon us due to our sins, have mercy upon us and forgive us. We acknowledge that our people deserve God's punishment. However, even in wrath, remember mercy." Mercy means God's love instead of punishment for those who are deserving of disciplinary action.

Psalm 103:13 says, *"As a father has compassion on his children, so the LORD has compassion on those who fear him."*

Ephesians 2:4-5 says, *"But because of his great love for us, God, who is rich in mercy, made us alive with Christ even when we were dead in transgressions—it is by grace you have been saved."*

The Bible says that even when we fall and make mistakes before God because of our weaknesses and shortcomings, He still shows us mercy. He forgives and pardons all our sins if we truly repent and return to the Lord. Although we may show shameful traces of anger, hatred, and despair in our hearts, when we sincerely seek God's mercy, He shows compassion and mercy, forgiving us of our sins and renewing our lives.

도 우리를 불쌍히 여기시고 용서해 주옵소서. 우리 민족이 하나님의 징계받는 것도 마땅합니다. 그러나 진노 중에라도 긍휼을 잊지 말아 주옵소서." 긍휼은 징계받아야 할 사람들에게 베푸시는 하나님의 사랑을 의미합니다.

시편 103편 13절입니다. "아버지가 자식을 긍휼히 여김 같이 야훼께서는 자기를 경외하는 자를 긍휼히 여기시나니"

에베소서 2장 4-5절입니다. "긍휼이 풍성하신 하나님이 우리를 사랑하신 그 큰 사랑을 인하여 허물로 죽은 우리를 그리스도와 함께 살리셨고 (너희는 은혜로 구원을 받은 것이라)"

성경은 이렇게 곳곳에서 하나님이 우리를 긍휼히 여겨주신다고 말씀합니다. 그래서 때때로 우리가 연약하고 부족해서 죄를 지어도 진정으로 회개하고 하나님께 돌아오면 하나님이 우리의 모든 죄를 사하시고 용서해 주십니다. 분노, 미움, 절망 등 우리 마음속에는 하나님 보시기에 여전히 부끄러운 모습이 남아 있지만, 우리가 하나님의 긍휼을 간절히 구한다면 하나님이 우리를 불쌍히 여기시고 긍휼을 베푸셔서 우리의 죄를

If God has mercy on us, all our problems will be solved. The moment God decides to show mercy on us, an incredible revival will take place. So, we need to pray not only for ourselves but for our families and relatives, our neighbors and churches, and our nation and people, saying, "Lord, have mercy on us." When we pray like this, our spiritually dead family will be raised to life, and our spiritually dead neighbors will come to life. The church will be revived, and our society will change. This nation will stand upright, as politics will stabilize, and the economy will recover. God's grace and blessings will be upon us.

After the Prophet Habakkuk asked earnestly for mercy before God and prayed, "Repeat your deeds in our day." Revival was God's dream and also the dream of the Prophet Habakkuk. God is a good God who gives us dreams, hope, and courage. Therefore, after thoroughly repenting, we must desire to have holy dreams for our families, workplaces, businesses, and churches. I hope that you may have holy dreams for Korea.

용서하시고 새롭게 변화시켜 주실 것입니다.

하나님이 우리를 긍휼히 여기시면 모든 문제가 해결됩니다. 긍휼히 여김을 받는 순간부터 우리에게 놀라운 부흥의 역사가 일어나게 되는 것입니다. 그래서 자신뿐만 아니라 가족과 친척을 위해, 이웃과 교회를 위해, 나라와 민족을 위해 "하나님, 긍휼히 여겨 주옵소서."라고 기도해야 합니다. 우리가 이렇게 기도할 때 영적으로 죽었던 우리 가족이 살아나고, 영적으로 죽었던 이웃들이 살아납니다. 교회가 부흥하며 사회가 변화됩니다. 나라가 바로 서고 정치가 안정되며 경제가 회복됩니다. 하나님의 은혜와 축복이 임하게 되는 것입니다.

하박국 선지자는 하나님께 긍휼을 구한 후에 "이 수년 내에 부흥하게 하옵소서"라고 기도했습니다. 부흥은 하나님의 꿈이며 하박국 선지자의 꿈이었습니다. 하나님은 우리에게 꿈과 희망과 용기를 주는 참으로 좋으신 분이십니다. 그러므로 하나님께 철저히 회개한 후에는 우리의 가정, 직장, 사업, 교회를 향한 거룩한 꿈을 품기를 바랍니다. 대한민국을 향한 거룩한 꿈을 갖기를 바랍니다.

When we come before God with dreams in our hearts and pray, God will do amazing things. Therefore, when we encounter trouble and hardship, don't go searching for people but bow down before God Almighty and pray with tears. God will bestow His grace upon us. I sincerely hope and pray that you will be filled with the Holy Spirit and become notable people of God who transform this whole world.

우리가 꿈을 마음에 품고 하나님 앞에 나아와 기도하면 위대한 하나님의 역사가 일어납니다. 그러므로 어려움과 문제를 만났을 때, 사람을 찾아가지 말고 전지전능하신 하나님께 엎드려 눈물로 기도하십시오. 하나님이 우리에게 은혜를 베풀어 주실 것입니다. 우리 모두 성령충만을 받고 온 세계를 변화시키는 위대한 하나님의 사람들이 되기를 간절히 축원합니다.

6

Three Thousand Were Added

---Acts 2:36-41---

"Therefore let all Israel be assured of this: God has made this Jesus, whom you crucified, both Lord and Messiah." When the people heard this, they were cut to the heart and said to Peter and the other apostles, "Brothers, what shall we do?" Peter replied, "Repent and be baptized, every one of you, in the name of Jesus Christ for the forgiveness of your sins. And you will receive the gift of the Holy Spirit. The promise is for you and your children and for all who are far off—for all whom the Lord our God will call." With many other words he warned them; and he pleaded with them, "Save yourselves from this corrupt generation." Those who accepted his message were baptized, and about three thousand were added to their number that day.

When was the greatest revival in the history of Christianity? There will be different opinions according to countries, denominations, and scholars. Some may think of the Great Awakening in the 18th century in America, while others may think of the Pentecostal Movement, which took place on Azusa Street in 1906. In the history of the Korean

6

삼천이나 더하더라

―― **사도행전 2:36-41** ――

그런즉 이스라엘 온 집은 확실히 알지니 너희가 십자가에 못 박은 이 예수를 하나님이 주와 그리스도가 되게 하셨느니라 하니라 그들이 이 말을 듣고 마음에 찔려 베드로와 다른 사도들에게 물어 이르되 형제들아 우리가 어찌할꼬 하거늘 베드로가 이르되 너희가 회개하여 각각 예수 그리스도의 이름으로 침례를 받고 죄 사함을 받으라 그리하면 성령의 선물을 받으리니 이 약속은 너희와 너희 자녀와 모든 먼 데 사람 곧 주 우리 하나님이 얼마든지 부르시는 자들에게 하신 것이라 하고 또 여러 말로 확증하며 권하여 이르되 너희가 이 패역한 세대에서 구원을 받으라 하니 그 말을 받은 사람들은 침례를 받으매 이 날에 신도의 수가 삼천이나 더하더라

기독교 역사상 가장 위대한 부흥의 사건은 언제일까요? 나라, 교단, 학자마다 다양한 의견을 내놓을 것입니다. 어떤 이는 18세기 미국에서 일어난 대각성운동을, 또 어떤 이는 1906년 아주사 거리에서 일어난 오순절운동을 떠올리기도 합니다. 한국 교회사에서는 1903년 원산 대부흥운동과 1907년 평양 대

church, the Wonsan Revival Movement in 1903 and the Great Pyongyang Revival Movement in 1907 are typical examples.

However, there is an event that served as the foundation for all of these revivals. It is the day when the Holy Spirit came on Pentecost, this gave birth to the early church. On the day of Pentecost about 2,000 years ago, when Jesus' disciples prayed earnestly, the Holy Spirit came upon them. When Peter, being filled with the Holy Spirit, stood up and boldly preached the gospel, 3,000 received Jesus as their Lord and Savior. In today's terms, a great revival movement took place in Jerusalem. We need to examine this revival that is recorded in the Bible and desire that such an extraordinary revival will take place today.

1. Restore your relationship with Jesus Christ

How can we prepare for revival? The very first step is to restore our relationship with Jesus Christ.

Acts 2:36-37 says, *"Therefore let all Israel be assured of this: God has made this Jesus, whom you crucified, both Lord*

부흥운동을 대표적인 사건으로 꼽습니다.

그런데 이 모든 부흥의 모체가 되는 사건이 있습니다. 바로 초대교회를 태동시킨 오순절 성령강림 사건입니다. 약 2,000년 전 오순절 날 예수님의 제자들이 간절히 기도할 때 성령님이 임하셨고, 성령충만을 받은 베드로가 일어나서 담대히 말씀을 전하자 3천 명이나 되는 많은 사람이 예수님을 구주로 영접했습니다. 오늘날로 말하면 예루살렘에 대부흥운동이 일어난 것입니다. 우리는 성경에 기록된 이 부흥 사건에 관해 자세히 살펴보고 오늘날에도 이와 같은 놀라운 부흥이 일어나기를 사모해야 합니다.

1. 예수 그리스도와의 관계를 회복하라

부흥을 맞이하기 위해 우리는 어떻게 준비해야 할까요? 가장 먼저 예수 그리스도와의 관계를 회복해야 합니다.

사도행전 2장 36-37절은 말씀합니다. "그런즉 이스라엘 온 집은 확실히 알지니 너희가 십자가에 못 박은 이 예수를 하

and Messiah.' When the people heard this, they were cut to the heart and said to Peter and the other apostles, 'Brothers, what shall we do?'"

Peter pointed out that the people of Israel had crucified Jesus Christ the Son of God. When they heard his words, they were cut to their heart. They realized that it was they who had let the sinless Jesus die on the cross, and how great a sin that was. They asked Peter, "What shall we do?"

How do we look today? Just as the religious leaders who were proud to keep the law and believed in God crucified Jesus, are we doing the same by crucifying Jesus in our daily lives? Don't we think that attending Sunday service is enough to say that our faith life is well? If we're still living in sin by lying, deceiving, hurting others, and causing quarrels and disputes even after believing in Jesus, it is the same as crucifying Jesus again. We need to look at our own lives and repent of all our sins, whether committed consciously or unconsciously.

나님이 주와 그리스도가 되게 하셨느니라 하니라 그들이 이 말을 듣고 마음에 찔려 베드로와 다른 사도들에게 물어 이르되 형제들아 우리가 어찌할꼬 하거늘"

베드로는 이스라엘 백성이 하나님의 아들이신 예수님을 십자가에 못 박았다는 사실을 지적했습니다. 이 말을 들은 사람들은 마음이 찔렸습니다. 죄가 없는 예수님을 십자가 죽음으로 내몬 것이 다름 아닌 자신들이었고, 그것이 얼마나 큰 죄인지를 비로소 깨닫게 된 것입니다. 그래서 베드로에게 "우리가 어찌해야 합니까?"라고 물었습니다.

오늘날 우리의 모습은 어떤가요? 누구보다 율법을 철저히 지키고 하나님을 잘 믿는다고 자부했던 종교 지도자들이 예수님을 십자가에 못 박은 것처럼, 우리도 예수님을 믿는다고 하면서 매일의 삶 속에서 예수님을 십자가에 못 박고 있지는 않나요? 주일에 하나님께 예배드리는 것으로만 신앙생활을 잘하고 있다고 생각하지는 않나요? 예수님을 믿은 후에도 여전히 거짓말하고, 남을 속이고, 남에게 피해를 주고 다툼과 분쟁을 일으키는 등 죄 가운데 살고 있다면 이는 예수님을 십자가에 다시 못 박는 것과 다름없습니다. 우리는 우리 자신의 삶을

The Greek word for "repentance" is *metanoia*. It means to completely turn around by changing direction. Like a person who went towards the east turns around and now goes west, repentance is to turn one's steps away from sinful ways to the righteous path that pleases God. We must repent earnestly by remembering the true meaning of repentance. If we truly repent, our lives change. We turn away from a life of hatred and quarrels to a life of forgiveness and love. And more than anything, repentance restores our relationship with Jesus.

In Acts 2:38a, the Apostle Peter said, *"Repent and be baptized, every one of you, in the name of Jesus Christ ..."*

Baptism is a way of confessing your faith to everyone, "Jesus Christ is my Lord and Savior." This is a sacrament, an official ceremony proclaiming to everyone, that my old person has died. As my whole body was immersed in the water and I came up from it, I knew I was a new person

돌아보고 알게 모르게 지은 모든 죄를 회개해야 합니다.

회개는 헬라어로 '메타노이아'입니다. 이는 완전히 방향을 바꿔서 돌아서는 것을 의미합니다. 동쪽으로 간 사람이 방향을 바꿔 서쪽으로 가는 것처럼 죄를 향해 걸어가던 발걸음을 돌이켜서 의의 길로, 하나님이 기뻐하시는 길로 가는 것이 바로 회개입니다. 우리는 이러한 회개의 뜻에 맞는 진정한 회개를 해야 합니다. 진정으로 회개하면 우리의 삶이 바뀝니다. 미워하고 다투며 살던 삶에서 용서하고 사랑하는 삶으로 바뀌게 됩니다. 그리고 무엇보다 회개는 예수님과의 관계를 회복시킵니다.

사도 베드로는 사도행전 2장 38절 상반절에서 다음과 같이 말했습니다. **"베드로가 이르되 너희가 회개하여 각각 예수 그리스도의 이름으로 침례를 받고"**

침례는 "예수님은 나의 구세주입니다."라는 신앙의 고백을 모든 사람에게 알리는 것입니다. 다시 말해, 물에 온몸이 잠겼다가 다시 나옴으로써 나의 옛사람은 죽고 예수님을 믿어 새 사람이 되었다는 사실을 모든 사람에게 공식적으로 선포하는

because I believe in Jesus. Therefore, baptism can only be received by those who truly repent of their sins and accept Jesus as the Lord of their lives.

If your relationship with God has been broken due to sin, I urge you to repent of your sins quickly. When we go before the Lord by earnestly repenting of our relationship with our Lord going astray, and the relationship with our neighbor being broken, God will grant us with abundant blessings and revival.

2. Receive the gift of the Holy Spirit

When we repent and receive forgiveness of our sins, the Lord gives us the gift of the Holy Spirit. Acts 2:38b says, *"… for the forgiveness of your sins. And you will receive the gift of the Holy Spirit."*

When the Holy Spirit came to Mark's Upper Room on the day of Pentecost 2,000 years ago, the group of 120 who gathered and prayed were filled with the Holy Spirit

예식입니다. 그렇기에 침례는 진정으로 자기 죄를 회개하고 예수님을 내 삶의 주인으로 모셔 들이는 사람만이 받을 수 있습니다.

지금 죄로 인해 주님과의 관계가 깨어져 있다면 속히 회개하기를 바랍니다. 주님과 나와의 관계에서 잘못된 것, 이웃과의 관계에서 잘못된 것을 철저히 회개하고 주님 앞에 나아갈 때 하나님이 우리에게 넘치는 복과 부흥을 허락하실 것입니다.

2. 성령의 선물을 받으라

우리가 회개하고 죄 사함을 받으면 주님이 우리에게 성령님을 선물로 보내주십니다. 사도행전 2장 38절 하반절은 다음과 같이 말씀합니다. **"죄 사함을 받으라 그리하면 성령의 선물을 받으리니"**

2천 년 전 오순절 마가 다락방에 성령님이 강림했을 때, 그곳에 모여 기도하던 120명의 무리가 모두 성령충만을 받고 변화되어 예루살렘을 넘어 유대와 사마리아와 땅끝까지 복음을

and were transformed. They went out preaching the gospel beyond Jerusalem, Judea, Samaria, and to the ends of the earth. God's marvelous deeds were at work.

In the early 20th century U.S., Pastor William Seymour was in the midst of the Pentecostal movement, fanning the flames in Los Angeles, California. This began with repentance and being filled with the Holy Spirit. The revival movement spread to the entire world within one century. As a result, approximately 650 million people are currently participating in the Pentecostal Movement worldwide. I hope that within the next ten years, through an even greater revival, more than one billion people will take part in the movement.

In fact, being filled with the Holy Spirit is not exclusive to Pentecostalism. Everyone who believes in Jesus needs to be filled with the Holy Spirit not just the people who participate in the Pentecostal movement. The Holy Spirit works transforming and making things new. So, when we are filled with the Holy Spirit, we ourselves are the first to be transformed, and through our transformation, our families and our society are transformed, and the church

전하는 놀라운 역사가 일어났습니다.

  20세기 초 미국 LA에서 윌리엄 시무어 목사를 중심으로 불타올랐던 오순절운동 역시 회개와 성령충만으로부터 시작되었습니다. 이 부흥운동은 1세기 만에 온 세계를 뒤덮었고, 그 결과 현재 전 세계 오순절 운동에 동참하는 크리스천의 수는 약 6억 5천만 명이나 됩니다. 앞으로 더 큰 부흥이 일어나서 10년 안에 10억 명으로 증가하기를 소망합니다.

  사실 성령충만은 오순절주의만의 전유물이 아닙니다. 오순절운동에 참여하는 사람뿐 아니라 예수님을 믿는 모든 사람이 성령충만을 받아야 합니다. 성령님은 새롭게 변화시키는 일을 하십니다. 그래서 성령충만을 받으면 먼저 우리 자신이 변화되고, 변화된 우리를 통해 우리 가정과 사회가 변화되고 교회가 부흥합니다.

grows and experiences revival.

Most of our problems stem from not being filled with the Holy Spirit. Why do we get hurt, become discouraged, and collapse in despair? This is because we are not filled with the Holy Spirit. If we are filled with the Holy Spirit, whatever problem that comes our way, we can overcome it through faith. When we are filled with the Holy Spirit, the power of darkness and the curse of disease will depart from us. All the problems in our lives will be resolved, and God's amazing work will be manifested.

In the Book of Acts, the Apostle Peter being filled with the Holy Spirit preached, and accounts of many people repenting and experiencing God's grace were recorded. On that day alone, 3,000 men believed in Jesus and were baptized. Acts 2:41 says, *"Those who accepted his message were baptized, and about three thousand were added to their number that day."*

In this respect, being filled with the Holy Spirit brings a remarkable revival. Since the spread of gospel in Korea, by God's grace, the Korean church has experienced substantial

우리가 겪는 문제는 대부분 성령충만하지 못한 데서 발생합니다. 우리는 왜 상처받고 낙심하며 절망 가운데 주저앉을까요? 성령충만하지 않기 때문입니다. 만일 우리가 성령으로 충만하면 어떤 문제가 찾아올지라도 믿음으로 이겨낼 수 있습니다. 성령으로 충만하면 흑암의 권세와 질병의 저주가 우리에게서 떠나가고 삶의 모든 문제가 해결되는 놀라운 하나님의 역사가 나타납니다.

사도행전에는 베드로가 성령충만을 받아 설교할 때 수많은 사람이 회개하고 하나님의 은혜를 체험한 사건이 기록되어 있습니다. 이날 하루에 성인 남자만 3천 명이 예수님을 믿고 침례를 받았습니다. 사도행전 2장 41절입니다. "그 말을 받은 사람들은 침례를 받으매 이 날에 신도의 수가 삼천이나 더하더라"

이처럼 성령충만은 큰 부흥을 가져옵니다. 한국에 복음이 전해진 이후 하나님의 은혜 가운데 한국교회는 큰 부흥을 이뤘습니다. 그러나 한국교회는 과거의 영광에 머물러 있어서는

growth and revival. However, the Korean church should not remain in the glory of the past. Revival isn't just of the past, it is now in the present and must continue in the future. We need to pray that revival occurs here and now.

Let's pray for this. "Lord! Please fill us with the Holy Spirit even more so that we may receive the power of the Holy Spirit and become witnesses of the gospel. Please bring revival to the church so that we can be used to expand the kingdom of God."

Acts 1:8 is the key verse in the Book of Acts and says, *"But you will receive power when the Holy Spirit comes on you; and you will be my witnesses in Jerusalem, and in all Judea and Samaria, and to the ends of the earth."*

A person who is filled with the Holy Spirit lives as a witness to the gospel voluntarily, not from the pressure of others. If we are filled with the Holy Spirit, we can't help but tell about Jesus to everyone we meet. Our hearts are blazing so strongly that we cannot help but preach the gospel. When we evangelize, there is no need to worry about what to say. The Holy Spirit will give us the words to

안 됩니다. 부흥은 역사 속에서뿐 아니라 지금도, 앞으로도 계속해서 일어나야 합니다. 우리는 '지금', '여기'에 부흥이 임하길 기도해야 합니다.

이를 위해 기도합시다. "주여! 우리에게 성령충만을 부어 주셔서 성령의 권능을 받고 복음의 증인 되게 하옵소서. 교회의 부흥을 위해, 하나님 나라의 확장을 위해 쓰임 받게 하옵소서!"

사도행전의 핵심 구절인 사도행전 1장 8절은 다음과 같이 말씀합니다. **"오직 성령이 너희에게 임하시면 너희가 권능을 받고 예루살렘과 온 유대와 사마리아와 땅 끝까지 이르러 내 증인이 되리라 하시니라"**

성령충만을 받은 사람은 다른 사람의 강요에 의해서가 아니라 자발적으로 복음의 증인 된 삶을 삽니다. 성령으로 충만하면 사람을 만날 때마다 예수님을 전할 수밖에 없습니다. 마음이 뜨거워져서 복음을 전하지 않을 수 없습니다. 전도할 때 '무엇을 말할까?'를 고민할 필요도 없습니다. 성령님이 우리의 입술에 해야 할 말을 넣어주십니다. 그렇기에 복음을 전하는 힘

say. So, the power to preach the gospel comes from being filled with the Holy Spirit. Acts 4:31 says, *"After they prayed, the place where they were meeting was shaken. And they were all filled with the Holy Spirit and spoke the word of God boldly."*

We who have accepted Jesus as our Savior need to be filled with the Holy Spirit and be born again as witnesses of the gospel. If you have been neglecting to share the gospel, I urge you to repent. I urge you to devote yourself to sharing the gospel from now on. We should share the gospel with family, relatives, coworkers, classmates and friends. Through us, the gospel needs to be shared so that many people roll in like clouds to the Lord. May this awesome work be revealed.

I was deeply moved after listening to the testimony of Shinwon Group's President, Seongcheol Park. There are nearly 10,000 employees who work at Shinwon's factory in Vietnam, most of whom are young Vietnamese workers.

President Park wanted to build a church in the factory so they could worship every week, even though Vietnam

은 오직 성령충만에 있습니다. 사도행전 4장 31절은 말씀합니다. **"빌기를 다하매 모인 곳이 진동하더니 무리가 다 성령이 충만하여 담대히 하나님의 말씀을 전하니라"**

예수님을 구주로 영접한 우리는 성령충만을 받고 복음의 증인으로 거듭나야 합니다. 혹여 지금까지 복음을 전하는 일에 소홀했다면 회개하십시오. 이제부터라도 복음 전하는 사역에 헌신하십시오. 가족과 친척에게, 직장 동료에게, 학교와 동아리 친구에게 복음을 전해야 합니다. 우리를 통해 복음이 전해져서 많은 사람이 구름떼처럼 주님 앞에 몰려오는 놀라운 역사가 나타나야 합니다.

저는 신원그룹 박성철 회장의 간증을 듣고 크게 감동한 적이 있습니다. 신원그룹의 베트남 공장에서 일하는 사람들이 약 1만 명 정도 되는데, 그중 대다수가 젊은 베트남 사람들이라고 합니다.

박성철 회장은 베트남이 공산국가임에도 불구하고 공장 안에 교회를 세워서 직원들이 매주 예배를 드리고, 업무 시작 전

is a communist country. He encouraged them to begin each day by reading the Bible before starting work. At first, the Vietnamese employees simply sat as observers, but in less than three years time, something surprising happened. All the employees believed in Jesus and experienced God's grace.

Like President Park, within our position in life, we need to share the gospel in our own way. Believing in Jesus is to be used as a witness to the gospel. If we have never witnessed the gospel to anyone in our lifetime, we are living a faith life of shame. Thus, we need to long to be filled with the Holy Spirit, to evangelize boldly, and fulfill the calling to evangelize with power.

The revival of Yoido Full Gospel Church was just that. All the church members were filled with the Holy Spirit and became passionate evangelists of the gospel. Consequently, the church members grew from 1,000 to 2,000, to 3,000, to 5,000, to 10,000, to 100,000, to 200,000, and finally surpassing 700,000. During the last 50 years of our church history, we have grown to 780,000, holding the record

에 성경 말씀을 읽으며 하루를 시작할 수 있도록 독려했다고 합니다. 처음엔 베트남 직원들이 그저 구경꾼으로만 앉아있었는데, 3년이 지나지 않아 모든 직원이 예수님을 믿고 하나님의 은혜를 체험하는 놀라운 일이 벌어졌다고 합니다.

박성철 회장처럼 우리도 각자 삶의 자리에서 자신이 할 수 있는 방식으로 복음을 전해야 합니다. 예수님을 믿는다는 것은 복음의 증인으로 쓰임 받는 것을 말합니다. 일평생 단 한 번도 복음을 전하지 못했다면 부끄러운 신앙생활을 하는 것입니다. 이를 위해서는 먼저 성령충만을 사모하길 바랍니다. 성령충만하면 담대하게, 그리고 능력 있게 전도의 사명을 감당하게 될 것입니다.

여의도순복음교회의 부흥이 그러했습니다. 온 성도가 성령충만을 받아 열정적인 복음 전도자가 되었습니다. 그러자 성도의 수가 1천 명에서 2천 명으로, 2천 명에서 3천 명, 5천 명, 1만 명, 10만 명, 20만 명, 그리고 70만 명을 넘어 교회 창립 50년에는 성도 78만 명이라는 단일 교회 역사상 세계 최대 교회를 이루게 된 것입니다. 그러나 이러한 일은 과거에 일어난 것일 뿐

as the largest single church in the world. However, some say that kind of event is something that happened in the past. It has nothing to do with the present. Some dismiss the revival as an event that has faded into the past as mere history. However, revival is still occurring now.

Therefore, we need to pray as the following. "Lord! Please let this revival come again in this place. Let there be an incredible revival where people come together like rolling clouds. Allow them to receive grace and be transformed. Let this society be transformed through God's people!" Let us all pray earnestly with one mind for this revival.

3. Revival is God's sovereign work

We must remember that revival comes from God's sovereign power. Acts 2:47 says, *"Praising God and enjoying the favor of all the people. And the Lord added to their number daily those who were being saved."*

현재와는 아무 상관이 없다고 말하는 사람들이 있습니다. 어떤 이는 부흥을 그저 역사의 뒤안길로 사라진 사건쯤으로 여기기도 합니다. 그러나 부흥은 지금도 일어나고 있습니다.

그러므로 우리는 다음과 같이 기도해야 합니다. "주여! 그 부흥의 역사가 다시 이 자리에서 일어나게 하옵소서. 놀라운 부흥이 일어나서 사람들이 구름떼처럼 몰려와 은혜받고 변화되게 하옵소서. 하나님의 사람들을 통해 이 사회를 변화되게 하옵소서!" 부흥을 위해 우리 모두 한마음으로 간절히 기도합시다.

3. 부흥은 하나님의 주권적 역사이다

한편, 우리가 반드시 기억해야 할 사실은 부흥의 역사는 하나님의 주권적인 역사라는 것입니다. 사도행전 2장 47절은 다음과 같이 말씀합니다. "하나님을 찬미하며 또 온 백성에게 칭송을 받으니 주께서 구원 받는 사람을 날마다 더하게 하시니라"

As we have seen in the Word, God is the one who added to the number of those who were being saved daily. The tremendous revival Yoido Full Gospel Church experienced is not the work of human power but of God's sovereign power. We are currently moving forward with a vision to reach a million church members. We believe that God will accomplish it by His sovereign power.

God is the ruler of our lives. My children, my family, and my business prosper because God blesses them.

When we have problems, we pray as the following, "Lord! Please save me. If you deliver me from my suffering and allow me to overcome this hardship, I will serve you and the church well." But soon after the problem is solved, we do not thank God and instead boast about our achievements: "I did it by myself. I did it very well. Surely, I am talented and so smart."

At a certain point when we begin to use self-centered

이 말씀을 보면 알 수 있듯이 구원받는 사람의 수를 날마다 더하게 하시는 분은 바로 주님이십니다. 여의도순복음교회가 이뤘던 놀라운 부흥은 인간의 힘이 아닌 하나님의 주권적인 역사였습니다. 그리고 현재 100만 성도의 비전을 갖고 나아가고 있는데, 이 일도 하나님의 주권적인 역사로 이루어질 것입니다.

하나님은 우리 삶의 주관자가 되십니다. 나의 자녀, 나의 가정, 나의 일터가 잘되는 것은 모두 하나님이 복을 주셨기 때문입니다.

어려운 문제가 생길 때 우리는 "주여! 살려주옵소서. 저를 고통에서 건져주시고 이 어려움을 잘 넘어가게 해주신다면 앞으로 하나님과 교회를 잘 섬기겠습니다."라고 기도합니다. 하지만 막상 그 문제가 해결되면 "이건 내 힘으로 한 거야. 내가 잘한 거야. 역시 나는 능력 있고 머리가 참 좋다니까."라고 말하면서 자기 자랑을 할 뿐 하나님께 감사하지 않는 경우가 많습니다.

어느 순간부터 '나' 중심의 말을 하고 있다면, 이는 신앙이

words, it's evidence that our faith is immature. We reveal ourselves because we are not filled with the Holy Spirit. The Holy Spirit testifies about Jesus. Those who are filled with the Holy Spirit live a life exalting the Lord, not themselves.

Look at the lives of the early church members recorded in the Book of Acts. They were filled with the Holy Spirit and lived a life exalting the name of Jesus. The early church members in obedience to the Word of God, prayed when they gathered and preached the gospel when scattered. They also made an effort to practice Christ's love and served their neighbors. Nevertheless, they did not exalt themselves. Rather, they praised God and gave the glory to Him. As a result, they were commended by others and experienced the incredible growth and revival.

When the church experiences explosive revival, no one should boast, saying, "The church had a revival because I brought a lot of people." The revival is what God did. It is God's amazing work. God gave His grace to the church, and those who desired the grace gathered together. The reason why it was possible for the church to help the neighbors and practice love is because our Lord gave His

성숙하지 못하다는 증거입니다. 성령으로 충만하지 않기에 자기 자신을 드러내는 것입니다. 성령님은 예수님을 증거하는 분이십니다. 그래서 성령충만한 사람은 내가 아닌 주님을 높이는 삶을 살아갑니다.

사도행전에 기록된 초대교회 성도들의 삶을 보십시오. 그들은 성령으로 충만하여 주님만 높이는 삶을 살았습니다. 초대교회 성도들은 하나님의 말씀에 순종하여 모이면 기도하고 흩어지면 복음을 전했습니다. 또한 주님을 본받아 사랑을 실천하고 이웃을 섬기는 일에 힘썼습니다. 그럼에도 자신들을 높이지 않고 오직 하나님을 찬미하며 하나님께 영광을 돌렸기에 세상 사람들의 칭송을 받고 큰 부흥의 역사를 경험하게 된 것입니다.

교회가 폭발적으로 부흥하게 될 때 "내가 전도를 많이 해서 부흥했어."라고 자랑하는 사람이 한 명도 없기를 바랍니다. 부흥은 하나님이 하신 일입니다. 하나님의 역사입니다. 하나님이 교회에 은혜를 주셔서, 그 은혜를 사모하는 사람들이 몰려오게 된 것입니다. 교회가 어려운 이웃을 도우며 사랑을 실천할 수 있는 것도 결국 주님이 축복을 주셨기에 가능한 일입니다.

blessings to the church. Therefore, I hope that we will give all glory to the Lord and become humble workers who are acknowledged by God.

We are able to find similar aspects within our nation's history. At the end of the 19th century, Korea was in a very difficult time. At the time, foreign missionaries came, preached the gospel, and founded educational and medical institutions. Schools such as Yonsei University, Ewha Womans University, Soongsil University, Pai Chai University, and Severance Hospital were established by the foreign missionaries. The missionaries preached the gospel and shared the love of Jesus by healing, caring, and teaching the poor and those in need. Also, during the Japanese colonial period, most of national activists, political leaders, and educators were Christians. They led the March 1st movement by fighting against Japan and were committed to the independence of our country in many other areas.

When we look back on the history of Christianity in Korea, we can see that Christians had a great influence. However, what is the current image of the Korean church? This has been the target of criticism rather than a good

그러므로 모든 영광을 주님께 돌리며 하나님께 인정받는 겸손한 일꾼이 되기를 바랍니다.

우리나라의 역사 속에서도 이와 비슷한 모습을 찾아볼 수 있습니다. 19세기 말 한국은 매우 어려운 시기였습니다. 그때 외국인 선교사들이 한국에 들어와 복음을 전하면서 교육과 의료 봉사에 헌신했습니다. 연세대학교, 이화여자대학교, 숭실대학교, 배재대학교, 세브란스병원 등이 당시 선교사들을 통해 세워졌던 곳입니다. 선교사들은 가난하고 어려운 사람들을 치료하고 돌보고 가르치면서 예수님의 사랑을 전했습니다. 또한 일제강점기 때 민족 운동가, 정치지도자, 교육가의 대다수가 크리스천이었습니다. 이들은 일본과 맞서 싸우며 3.1운동을 이끌었고, 그 외 여러 분야에서 우리나라의 독립을 위해 헌신했습니다.

이처럼 한국 기독교 역사를 돌아보면 크리스천들의 선한 영향력이 지대했다는 것을 알 수 있습니다. 그러나 현재 한국교회의 모습은 어떤가요? 선한 영향력을 끼치기는커녕 교회가 손가락질받는 일이 일어나고 있습니다.

influence.

Of course, there are many churches that are doing good works. Even if there are ten things done well, if we are doing one thing wrong, we will be criticized by the world. Nevertheless, do we need to protest saying that it is unfair to those who criticize the church? The first thing we must do is to repent. We need to repent that we haven't lived a holy life led by the Holy Spirit, we haven't loved one another, and we haven't lived as witnesses of the gospel. When we repent and return to God, we will be commended by God and the world, and a wonderful work of revival will take place.

In the early 20th century, Evan Roberts was a key leader of an amazing revival that took place in Wales, Great Britain. His family circumstances were so difficult that he began working as a coal miner at the age of 12.

Despite the hardship, from a young age, Roberts decided to live for the Lord. While working in the coal mine during the day, he used his breaks to read the Bible. In the evening, he attended prayer meetings and worship services. He also

물론 여전히 많은 교회가 선한 일을 하고 있습니다. 열 가지를 잘해도 한 가지를 잘못하면 그것으로 인해 세상으로부터 공격을 받기도 합니다. 그렇다고 해서 교회를 비난하는 사람들에게 부당하다고, 억울하다고 항변해야 할까요? 우리가 먼저 해야 할 일은 회개입니다. 성령님이 이끄시는 대로 거룩한 삶을 살지 못하고, 서로 사랑하지 못하고, 복음의 증인으로 살지 못했던 것을 회개해야 합니다. 우리가 회개하고 돌이킬 때 하나님과 세상으로부터 칭찬받게 되고, 놀라운 부흥의 역사가 일어날 것입니다.

20세기 초, 영국 웨일스에서 일어난 부흥운동의 주역은 이반 로버츠라는 청년이었습니다. 그는 가정 형편이 너무 어려워서 12세 때부터 광부로 일했습니다.

그럼에도 로버츠는 어려서부터 주님을 위한 삶을 살기로 결단했습니다. 낮에는 탄광의 일을 하면서 쉬는 시간을 이용하여 성경을 읽었고, 밤에는 교회의 기도회와 예배에 참석했습니다. 또한 10년 넘게 "주여, 부흥을 주옵소서! 부흥을 주옵소

prayed for revival for more than ten years, crying out, "Lord, let there be a revival. Lord, let there be a revival!" Later, he recalled that this pray was also the work of the Holy Spirit.

"I prayed for revival for more than ten years. I stayed up all night reading or discussing books about revival. It was the Holy Spirit who inspired me to think about revival."

In September of 1904, when Roberts was 25 years old, he attended a revival meeting led by Reverend Seth Joshua and received the fire of the Holy Spirit. When Reverend Joshua preached a fiery message, the fire of the Holy Spirit came upon Roberts. He later testified about the experience as follows:

"I cried out, 'Lord, let me surrender to You! Let me surrender to You! Let me surrender to You!' ... After submitting to God, waves of peace overwhelmed me!"

What is even more surprising is that Reverend Joshua also prayed for four years for workers to be sent for Welsh revival. He prayed, "Just as God entrusted His work to Elisha who had a plow in his hand, please send us young

서!"라고 기도했는데, 훗날 그는 이 기도가 성령님이 하신 일이라고 회고했습니다.

"나는 10년이 넘게 부흥을 위해 기도했다. 밤을 새워 가며 부흥에 관한 책을 읽거나 토론했다. 내가 부흥에 대해 생각하도록 감동시키신 분은 바로 성령님이셨다."

1904년 9월, 25세의 청년이 된 로버츠는 세스 조슈아 목사가 인도한 집회에 참석하여 마침내 성령체험을 했습니다. 조슈아 목사가 열정적으로 말씀을 전했을 때 성령의 불이 그에게 임한 것입니다. 그날의 체험에 대해 로버츠는 다음과 같이 썼습니다.

"나는 부르짖었다. '나를 굴복시키소서! 나를 굴복시키소서! 나를 굴복시키소서!' … 하나님께 굴복한 후, 평강의 파도가 나를 덮쳤다!"

더욱 놀라운 사실은 조슈아 목사 역시 웨일스의 부흥을 위해서 일꾼을 보내달라고 4년 동안 기도했다는 것입니다. 조슈아 목사는 "쟁기를 잡고 있던 엘리사에게 하나님의 사역을 맡

people who may be working in the mines or the fields, those who do not boast or brag about human wisdom."

Evan Roberts was the young man Reverend Joshua had prayed for. When he received the fire of the Holy Spirit, God gave him a vision that 100,000 people would return to Him. He went to see his pastor at the church where he served and asked him, "May I have some time to testify today after the service?" After the service, the pastor announced, "Evan Roberts has something to say to you. If you have time, please stay and listen what he has to say."

At the time, only 17 people stayed after the service but Evan Roberts preached a burning message before them. All 17 people were filled with the Holy Spirit and experienced an amazing grace. From that moment, the Welsh Revival Movement began. Every week, 5,000 people came to the Lord, and 85,000 people accepted Jesus as their Lord within just four months time.

기신 것처럼, 탄광이나 들에서 일하는 청년, 인간 지성을 자랑하거나 우쭐대지 않을 사람을 보내주옵소서."라고 기도했다고 합니다.

이반 로버츠가 바로 조슈아 목사님이 기도하던 그러한 사람이었습니다. 그가 성령의 불을 받았을 때 하나님은 그에게 10만 명이 주님께로 돌아오는 비전을 주셨습니다. 로버츠는 자신이 섬기던 교회의 목사님을 찾아가서 "제가 간증할 것이 있으니 예배 후에 시간을 좀 주세요."라고 말했습니다. 목사님은 예배를 마치고 난 후 "오늘 이반 로버츠가 얘기할 것이 있다고 합니다. 시간이 되시는 분들은 남아서 듣고 가세요."라고 광고했습니다.

당시 17명의 성도가 남아 있었는데, 이반 로버츠는 그들 앞에서 불을 토하는 설교를 했습니다. 그 자리에 있던 17명 모두 성령충만을 받고 큰 은혜를 경험하게 되었습니다. 이를 계기로 웨일즈 부흥운동이 시작되었습니다. 매주 5천 명이 주님께 돌아왔고 4개월이 채 지나지 않아 8만 5천 명이 주님을 영접했다고 합니다.

It is truly amazing that 5,000 people came to the Lord every week in one region. The wave of revival spread beyond Wales to England and Ireland, and then to other nations. It influenced the revivals in India and South Africa in 1905, the Azusa Street Revival in 1906, the Great Revival of Pyongyang in 1907, and the Revival in Manchuria and China in 1908.

Evan Roberts emphasized that if we want to experience revival, we need to repent first.

1. If you have unconfessed sin, confess it completely and publicly.
2. Get rid of anything in your life that hinders your faith.
3. Obey as soon as possible when the Holy Spirit speaks to you.
4. Confess publicly that Christ is your Lord and Savior.

As Evan Roberts recommended, first repent. And then, boldly confess Jesus as your Lord and don't feel ashamed of that confession. I hope that you tell everyone you meet that

한 지역에서 매주 5천 명이 예수님을 영접했다는 사실은 매우 놀라운 일입니다. 이 부흥의 물결은 웨일스를 넘어 영국, 아일랜드 등 전 세계로 퍼져나가 1905년 인도와 남아프리카 부흥운동, 1906년 미국 아주사 부흥운동, 1907년 한국의 평양 대부흥, 1908년 만주 및 중국 대부흥에 큰 영향을 끼쳤습니다.

이반 로버츠는 부흥을 경험하길 원한다면 먼저 회개해야 한다고 강조했습니다.

1. 자백하지 않은 죄가 있으면 완전히 그리고 공개적으로 자백하라.
2. 자기 삶에 꺼림칙한 것은 무엇이든 다 없애라.
3. 성령님이 말씀하시면 즉시 순종하라.
4. 사람들 앞에서 공개적으로 그리스도를 개인의 구주로 고백하라.

이반 로버츠의 권면처럼 먼저 회개하십시오. 그리고 담대하게 예수님을 주님으로 고백하시고 그 고백을 부끄러워하지 않게 되시기를 바랍니다. 만나는 모든 사람에게 예수님이 구세

Jesus is your Savior. We need to declare the gospel of Jesus to expel the various forms of sin such as drugs, gambling, addictions, homosexuality, and murder that are pervasive in Korean society.

Evan Roberts requested to prepare for the revival meetings with prayer as follows:

1. In the name of Jesus Christ, let the Holy Spirit be poured upon us!
2. In the name of Jesus Christ, let the Holy Spirit be poured upon us powerfully!
3. In the name of Jesus Christ, let the Holy Spirit be poured upon us more powerfully!
4. In the name of Jesus Christ, let the Holy Spirit be poured upon us even more powerfully!

As a result, the meeting that Evan Roberts led was filled with the Holy Spirit powerfully. This is a historical record that describes the Welsh Revival.

"It did not end with the awakening of just one small city but became a 'fire that burned all of Wales.' Profanity

주이심을 고백하시기를 바랍니다. 그래서 예수님의 복음으로 한국 사회에 퍼져있는 여러 모양의 죄, 즉 마약, 도박, 중독, 동성애, 살인 등을 몰아내야 할 것입니다.

또한 이반 로버츠는 집회를 위해 다음과 같은 기도로 준비해야 할 것을 요구하기도 했습니다.

1. 예수 그리스도의 이름으로 성령을 부으소서!
2. 예수 그리스도의 이름으로 성령을 강력하게 부으소서!
3. 예수 그리스도의 이름으로 성령을 더 강력하게 부으소서!
4. 예수 그리스도의 이름으로 성령을 훨씬 더 강력하게 부으소서!

이 기도대로 이반 로버츠가 이끈 집회에서는 성령의 역사가 강력하게 나타났습니다. 웨일스의 부흥에 대해 다음과 같은 기록들이 있습니다.

"이것은 작은 도시 한 곳만의 각성으로 끝나지 않고 '웨일스 전체를 태우는 불'이 되었다. 욕설이 사라졌고, 선술집에 손님

disappeared, customers stopped going to the bars, and theaters closed. Gambling books were burned, long-standing debts were settled, and both tribalism and traditionalism disappeared. Family worship service was restored, and people dedicated themselves to reading the Bible. Such amazing things had never been recorded before. … On Christmas Eve, there was not a single drunken person on the streets of Aberdare, and on that same day, there was not a single prisoner in the jail. There was even a day when no cases were heard at the Abercahn Police Court, the first time in 14 years since it had been established."

I pray that such an amazing revival will take place in our time. I pray that through revival, all crimes will vanish from this land and our society will be transformed. Let's anticipate and pray together in faith that this kind of revival will come upon this land.

We must move forward in faith over the next ten years, fixing our eyes on the great revival and blessings God will pour out upon us. Thus, I eagerly hope that we will witness a revival and miracles such as we have never seen or experienced before.

이 끊겼으며, 극장이 문을 닫았다. 도박 장부가 불에 탔고, 오랜 채무가 청산되었으며, 파벌주의와 전통주의가 모습을 감추었다. 가정예배가 다시 회복되고, 성경 공부에 열중하는 등 실로 놀라운 기록들이 세워졌다. … 크리스마스 이브에 애버데어 거리에서 술에 취한 사람을 찾아볼 수 없었으며, 당일 감옥에 갇혀 있는 죄수가 한 명도 없었고, 애버칸의 경찰 재판소에 재판이 한 건도 없는 날이 있었는데, 이는 재판소가 세워진 이래로 14년 만에 처음 있던 일이었다."

오늘날도 이와 같은 놀라운 부흥이 일어나기를 바랍니다. 부흥을 통해 이 땅에 모든 범죄가 사라지고 우리 사회가 변화되기를 바랍니다. 이러한 부흥의 역사가 이 땅에 임하기를 기대하며 믿음으로 기도합시다.

향후 10년 동안 하나님이 부어주실 놀라운 부흥과 축복을 바라보며 믿음으로 전진해 나아가야 합니다. 그리하여 이전에 보지 못했던 놀라운 부흥과 기적을 체험할 수 있기를 간절히, 간절히 소망합니다.

Lord, Send Us Revival
주여, 부흥을 주옵소서

이영훈 지음

초판 1쇄 발행 2025년 6월 10일
초판 2쇄 발행 2025년 9월 26일

| 발 행 인 | 이영훈 |
| 발 행 처 | 서울말씀사 |

출판등록	제2016-000172호
주 소	서울시 영등포구 은행로 55, 5층
전 화	02-846-9222
팩 스	02-846-9225

ISBN 978-89-8434-917-9

*책값은 뒤표지에 있습니다.

이 책은 저작권법에 따라 보호받는 저작물이므로
무단 전재와 복제를 금합니다